Emiliano Ippoliti

Elementi di informatica
Per studenti di facoltà umanistiche

Emiliano Ippoliti
Elementi di informatica
© 2013 Emiliano Ippoliti

ISBN:
978 – 1 – 4303 – 2998 – 5

Finito di stampare nel mese di Ottobre 2013
Stampato e distribuito da:
Lulu Press, Inc.
860 Aviation Parkway, Suite 300
Morrisville, North Carolina 27560
U.S.A.

http://www.lulu.com

Indice del volume

Capitolo 6. La sicurezza informatica 75

Introduzione

L'ascesa della *computer science*, nota in italiano con il termine informatica, ha prodotto un cambiamento epocale nella società. Non esiste ambito umano che non sia stato plasmato dalle sue innovazioni: stili di vita, relazioni personali, settori commerciali e economici, la ricerca scientifica, l'attività politica e la stessa idea di identità personale sono entrati in una nuova era, quella della terza rivoluzione industriale, grazie all'informatica.

I cambiamenti che ne sono scaturiti hanno sia aperto possibilità sconosciute prima del suo avvento sia creato nuovi barriere sociali ed economiche. Infatti se da una parte la computer science ha migliorato la qualità della vita di ampi strati della popolazione mondiale, dall'altra l'introduzione delle nuove tecnologie ha generato un problema di accesso, contribuendo ad aumentare il divario sia tra generazioni sia tra coloro che hanno accesso a tali tecnologie e coloro che invece non lo hanno.

Il cosiddetto "analfabetismo informatico" e l'esclusione dall'uso delle nuove tecnologie può segnare la intera vita di una persona e dunque conoscere, saper usare e avere accesso a queste tecnologie diventa ogni giorno più importante nella vita di ciascuno di noi. E' bene ricordare infatti che mentre quotidianamente vengono eseguite miliardi di operazioni con carte di credito, acquisti online, navigazioni su internet e così via, ancora un numero di persone superiore a più delle metà della popolazione del mondo non ha mai usato un telefono cellulare, e non ha accesso a cavi a fibra ottica, televisori, computer e tablet, e vive sotto la soglia della povertà. La tecnologia in questo senso ha creata due nuove società, e contribuisce ogni giorno a renderle più separate e lontane, mentre rende sempre più integrata e connessa quella che ha accesso a queste tecnologie.

Pur in questo quadro complesso, la rivoluzione industriale innescata dalla *computer science* proseguirà il suo corso, ed essere in grado di seguire ed essere parte attiva di questo corso e dei suoi cambiamenti sarà un requisito sempre più importante per poter vivere, e definirsi e realizzarsi come persona,

Questo testo vuole pertanto offrire un contributo in questo processo, fornendo una breve introduzione ai principali temi dell'informatica. Il testo è stato redatto con particolare attenzione alle esigenze e al background degli studenti dei corsi si laurea di Facoltà umanistiche. A tal fine il libro fornisce una introduzione agli elementi essenziali dell'informatica, come la videoscrittura e i fogli di calcolo, le reti e la sicurezza informatica. Inoltre offre una piccola discussione del ruolo e delle conseguenze sociali dell'informatica, che possono essere motivo di particolare riflessione e analisi da parte degli studenti di corsi di studi universitari in discipline umanistiche.

1
L'informatica

1. Definizione

L'informatica, parola che rende il temine anglosassone *computer science*, è la scienza che si occupa della *rappresentazione, memorizzazione, elaborazione* e *trasmissione* **automatica** dell'**informazione**. Il nome stesso italiano richiama la rilevanza di queste due compenti, ossia informazione e automazione. Non è dunque, come un luogo comune porta spesso a pensare, la scienza e la tecnologia dei calcolatori elettronici, né si occupa semplicemente delle molteplici applicazioni dei calcolatori elettronici. Il calcolatore elettronico, di cui il personal computer è una evoluzione, è semplicemente un dispositivo che permette di realizzare una rappresentazione e elaborazione automatica dell'informazione. Dunque il computer è uno dispositivo di calcolo molto potente che permette la gestione di quantità di informazioni altrimenti fuori dalla portata dell'elaborazione e capacità di gestione propria degli essere umani. In particolare l'informatica si suddivide in **dieci** principali aree disciplinari (questa classificazione è proposta dall'Association for Computing Machinery, ACM, http://www.acm.org). Tali aree sono: algoritmi e strutture dati; architettura dei calcolatori; intelligenza artificiale e robotica; scienze computazionali; basi di dati e sistemi per il ritrovamento dell'informazione; grafica computerizzata; interazione uomo-calcolatore; sistemi operativi e reti; linguaggi di programmazione; ingegneria del software.

2. Cenni storici

La produzione di dispositivi per automatizzare la gestione della informazioni, a partire dell'esecuzione di calcoli, è un'attività che gli uomini hanno perseguito fin dall'antichità. Sono stati rinvenuti strumenti volti a eseguire calcoli risalenti già al 300 A.C. (la tavoletta di Salamina), che utilizzavano la tecnologia nota al tempo per cercare di eseguire questa attività. L'evoluzione tecnologica ha consentito di produrre via via dispositivi sempre più efficienti e sofisticati in grado di meccanizzare processi di calcolo. In questo senso il primo dispositivo di calcolo manuale ideato da un essere un umano fu l'abaco, che permette di eseguire addizioni e sottrazioni aritmetiche tra numeri anche con diverse cifre decimali. Le ricostruzioni storiche più attendibili sostengono che fu inventato in Cina attorno al 2000 A.C. e che il suo uso si sia poi affermato in tutto il mondo antico, evolvendosi in numerose versioni fino ad arrivare ai giorni nostri.

Quello che può essere considerato il primo dispositivo automatico antenato del computer è la celebre *pascalina*, ideata nel 1642 da Blaise Pascal. La pascalina (vd. Fig. 1) era in grado di eseguire in modo automatico addizioni e sottrazioni aritmetiche.

Fig.1 La pascalina

La pascalina servì da modello per quella che è considerata la prima macchina calcolatrice che era in grado di eseguire anche moltiplicazioni e divisioni. Fu realizzata da Gottfried Wilhelm von Leibniz nel 1672 e dall'architettura di questo dispositivo derivano tutte le calcolatrici realizzate dall'uomo fino ai giorni nostri.

Fig. 2. Riproduzione della macchina aritmetica di Leibniz

Un altro passo significativo nel processo che ha condotto alla creazione dell'informatica è la ideazione della macchina differenziali nel 1822 ad opera di Charles Babbage. Progettata come una macchina per calcolare meccanicamente tavole matematiche di grandi dimensioni, a causa della complessità del progetto e dell'insufficienza dei fondi disponibili, non venne mai portata a compimento. Dal punto di vista concettuale può essere indicata come il prototipo di calcolatore.

Per arrivare a costruire il primo vero calcolatore elettronico digitale bisogna aspettare la macchina che venne realizzata negli USA tra il 1937 ed il 1942 da John Atanasoff e Clifford Berry, noto come Atanasoff-Berry Computer o, più semplicemente, ABC.

Fig. 3. L'Atanasoff-Berry Computer (ABC)

L'industri bellica, in particolare quella della seconda guerra mondiale, fu il motore dell'accelerazione nella costruzione dei computer. Infatti durante tale conflitto ne vennero realizzati altri, tra i quali vale la pena menzionare il Colossus (Inghilterra, 1943, vd. Fig. 4), usato per decifrare i codici di comunicazione tedeschi, e l'ENIAC (USA, 1945, vd. Fig. 5), utilizzato per effettuare calcoli balistici. Nati per scopi militari, dopo la fine del conflitto vennero dismessi.

Fig. 4. Il Colossus

Fig. 5. L'ENIAC (acronimo di 'Electronic Numerical Integrator and Computer')

Da quel momenti in poi lo studio e l'industria legata alla costruzione dei computer ha fatto registrare una progressione segnata da diverse generazioni di elaboratori elettronici. L'evoluzione della tecnologia dei computer è generalmente riassunta nel modo seguente:

1. Primordi: dispositivi **meccanici ed elettromeccanici**, in grado di eseguire alcune operazione al secondo.
2. Prima generazione di calcolatori (1930-1940), che utilizzano **tubi elettronici** e sono in grado di eseguire più di 10.000 operazioni al secondo.
3. Seconda generazione di calcolatori (1955-1965), che utilizzano **transistor** e svolgono più di 100.000 operazioni al secondo.
4. Terza generazione di computer (1965-1980) che utilizzano i **circuiti integrati** ed eseguono milioni di operazioni al secondo. Essi sono i primi prototipi del personal computer, che si impongono a larga scala grazie anche ai costi ridotti.
5. Quarta generazione di computer (1980-oggi), detti LSI e VSLI (very large scale integration), capaci di eseguire miliardi di operazioni al secondo.
6. Quinta generazione di computer (oggi e oltre), basati sull'intelligenza artificiale, sono ancora in fase di sviluppo, anche se ci sono alcune applicazioni, come il riconoscimento vocale, che vengono utilizzati oggi. Sono essenzialmente basati sull'uso di elaborazione parallela e i superconduttori. La computazione quantistica e molecolare e nanotecnologie cambieranno radicalmente il volto di computer negli anni a

10

venire. L'obiettivo della quinta generazione è di sviluppare dispositivi che rispondono al linguaggio naturale e in grado di apprendimento e di auto-organizzazione.

3. Codifica dell'informazione

Affinché una qualsiasi informazione (una lettera dell'alfabeto, un documento, un immagine, un video, etc.) possa essere *rappresentata, memorizzata, elaborata* e *trasmessa* in modo **automatico** da un computer, è necessario che essa sia codificata in una forma tale che consenta ad un computer di processarla.

Il computer utilizza una logica binaria: alla base di tutto il suo funzionamento ci sono componenti fisici, i circuiti logici, che si basano semplicemente su due stati possibili: accesso/spento. La scelta della forma binaria ha motivazioni tecnologiche, in quanto fornisce minori probabilità di guasti ed errori. Per poter processare qualsiasi informazione è dunque necessario adattare l'informazione a questa logica binaria. Per questo un computer lavora con i bit, rappresentati con i due simboli '0' e '1' (che appunto esprimono la logica binaria del vero/falso, acceso/spento). Utilizzando questi simboli e combinandoli in vari modi, è possibile rappresentare caratteri, numeri e immagini e renderli disponibili alle operazione del computer. Un bit è dunque l'unità d'informazione.

Utilizzando un solo bit è possibile rappresentare due numeri (per esempio il simbolo '0' può esprimere il numero '4' e il simbolo '1' può esprimere il numero '5'. Utilizzando due bit i valori possibili sono quattro, ossia tutte le possibili coppie di 0 e 1:

- 00
- 01
- 10
- 11

E' possibile a questo punto associare queste coppie ad altri numeri o valori (p. es.: 00= '1'; 01='2'; 10='3' ;11='4').

Quindi utilizzando **8 bit**, cioè quello che viene definito un **byte**, si possono rappresentare 256 valori. La stringa di bit '00000000' rappresenta il simbolo '1'; '00000001' il simbolo '2', etc.

In generale, è facile dimostrare che con n bit è possibile rappresentare 2^n valori. Questo sistema di codifica dell'informazione è la base per trasformare qualsiasi informazione in un oggetto digitale, ossia processabile da elaboratori.

Ovviamente le informazioni che sono trattate quotidianamente non sono costituite solo da numeri e per rappresentare lettere, immagini, suoni e video partendo dai numeri è necessario utilizzare i sistemi di codifica che trasformino i numeri in questi oggetti. Un sistema di codifica stabilisce dunque una corrispondenza fra un dato numero e una informazione. L'informazione che viene rappresentata mediante numeri è definite **digitalizzata**. Al fine di poter codificare i caratteri, ossia lettere e simboli, si stabilisce il cosiddetto **repertorio**, ossia l'insieme dei caratteri considerati, il **numero di codice** ossia un sistema in cui ciascun carattere del repertorio è messo in corrispondenza biunivoca con un insieme di numeri naturali, e la **codifica**, ossia un opportuno metodo per associare a ciascun numero di codice una sequenza di bit utilizzabili per la trasmissione o la memorizzazione elettronica. Sommano tutte le lettere dell'alfabeto (sia minuscole sia maiuscole), i segni diacritici (accenti, tilde, etc.), i segni d'interpunzione, non si arriva a cento caratteri e dunque si può facilmente associare a ogni carattere un numero. Uno dei più famosi sistema di codifica è quello **ASCII** (vd. Fig. 6), ossia l'American Standard Code for Information Interchange, che utilizza 7 bit, ossia 128 numeri (i numeri da 0 a 127).

ASCII TABLE

Decimal	Hexadecimal	Binary	Octal	Char	Decimal	Hexadecimal	Binary	Octal	Char	Decimal	Hexadecimal	Binary	Octal	Char
0	0	0	0	[NULL]	48	30	110000	60	0	96	60	1100000	140	`
1	1	1	1	[START OF HEADING]	49	31	110001	61	1	97	61	1100001	141	a
2	2	10	2	[START OF TEXT]	50	32	110010	62	2	98	62	1100010	142	b
3	3	11	3	[END OF TEXT]	51	33	110011	63	3	99	63	1100011	143	c
4	4	100	4	[END OF TRANSMISSION]	52	34	110100	64	4	100	64	1100100	144	d
5	5	101	5	[ENQUIRY]	53	35	110101	65	5	101	65	1100101	145	e
6	6	110	6	[ACKNOWLEDGE]	54	36	110110	66	6	102	66	1100110	146	f
7	7	111	7	[BELL]	55	37	110111	67	7	103	67	1100111	147	g
8	8	1000	10	[BACKSPACE]	56	38	111000	70	8	104	68	1101000	150	h
9	9	1001	11	[HORIZONTAL TAB]	57	39	111001	71	9	105	69	1101001	151	i
10	A	1010	12	[LINE FEED]	58	3A	111010	72	:	106	6A	1101010	152	j
11	B	1011	13	[VERTICAL TAB]	59	3B	111011	73	;	107	6B	1101011	153	k
12	C	1100	14	[FORM FEED]	60	3C	111100	74	<	108	6C	1101100	154	l
13	D	1101	15	[CARRIAGE RETURN]	61	3D	111101	75	=	109	6D	1101101	155	m
14	E	1110	16	[SHIFT OUT]	62	3E	111110	76	>	110	6E	1101110	156	n
15	F	1111	17	[SHIFT IN]	63	3F	111111	77	?	111	6F	1101111	157	o
16	10	10000	20	[DATA LINK ESCAPE]	64	40	1000000	100	@	112	70	1110000	160	p
17	11	10001	21	[DEVICE CONTROL 1]	65	41	1000001	101	A	113	71	1110001	161	q
18	12	10010	22	[DEVICE CONTROL 2]	66	42	1000010	102	B	114	72	1110010	162	r
19	13	10011	23	[DEVICE CONTROL 3]	67	43	1000011	103	C	115	73	1110011	163	s
20	14	10100	24	[DEVICE CONTROL 4]	68	44	1000100	104	D	116	74	1110100	164	t
21	15	10101	25	[NEGATIVE ACKNOWLEDGE]	69	45	1000101	105	E	117	75	1110101	165	u
22	16	10110	26	[SYNCHRONOUS IDLE]	70	46	1000110	106	F	118	76	1110110	166	v
23	17	10111	27	[END OF TRANS. BLOCK]	71	47	1000111	107	G	119	77	1110111	167	w
24	18	11000	30	[CANCEL]	72	48	1001000	110	H	120	78	1111000	170	x
25	19	11001	31	[END OF MEDIUM]	73	49	1001001	111	I	121	79	1111001	171	y
26	1A	11010	32	[SUBSTITUTE]	74	4A	1001010	112	J	122	7A	1111010	172	z
27	1B	11011	33	[ESCAPE]	75	4B	1001011	113	K	123	7B	1111011	173	{
28	1C	11100	34	[FILE SEPARATOR]	76	4C	1001100	114	L	124	7C	1111100	174		
29	1D	11101	35	[GROUP SEPARATOR]	77	4D	1001101	115	M	125	7D	1111101	175	}
30	1E	11110	36	[RECORD SEPARATOR]	78	4E	1001110	116	N	126	7E	1111110	176	~
31	1F	11111	37	[UNIT SEPARATOR]	79	4F	1001111	117	O	127	7F	1111111	177	[DEL]
32	20	100000	40	[SPACE]	80	50	1010000	120	P					
33	21	100001	41	!	81	51	1010001	121	Q					
34	22	100010	42	"	82	52	1010010	122	R					
35	23	100011	43	#	83	53	1010011	123	S					
36	24	100100	44	$	84	54	1010100	124	T					
37	25	100101	45	%	85	55	1010101	125	U					
38	26	100110	46	&	86	56	1010110	126	V					
39	27	100111	47	'	87	57	1010111	127	W					
40	28	101000	50	(	88	58	1011000	130	X					
41	29	101001	51	)	89	59	1011001	131	Y					
42	2A	101010	52	*	90	5A	1011010	132	Z					
43	2B	101011	53	+	91	5B	1011011	133	[					
44	2C	101100	54	,	92	5C	1011100	134	\					
45	2D	101101	55	-	93	5D	1011101	135	]					
46	2E	101110	56	.	94	5E	1011110	136	^					
47	2F	101111	57	/	95	5F	1011111	137	_					

Fig. 6. Codice ASCII

Per codificare un'**immagine**, la si suddivide mediante una griglia di pixel (ossia di minuscoli quadrati, che forniscono la risoluzione dell'immagine). Si procede quindi a definire il numero di colori che si vogliono distinguere e si procede a codificare in codice binario (e dunque digitale) ogni colore. Da quanto detto sopra ricaviamo che con **8 bit** possiamo codificare 256 colori, con 24 bit 16 milioni di colore (con la codifica RGB, ossia Red, Green, Blue). Inoltre a ogni pixel si associa il codice del colore (il colore che in media "domina" all'interno del quadrato stesso). In questo modo per rappresentare un immagine è sufficiente avere due serie di numeri: le coordinate dei singoli quadratini (pixel) e un numero che esprime il colore del singolo quadratino (vd. Fig. 7).

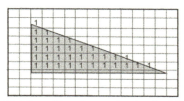

Fig. 7. Suddivisione di un immagine in pixel (quadratini)

Se si vuole codificare un'immagine in bianco e nero, si attribuirà per esempio al bianco il bit 0, al nero il bit 1. Visto che una sequenza di bit è un successione lineare di 0 e 1, e un'immagine è un oggetto bidimensionale, per convenzione assumeremo che i pixel siano ordinati dal basso verso l'alto e da sinistra verso destra. Sulla base di tale convenzione, la rappresentazione di una figura sarà espressa da una stringa binaria.

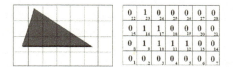

Fig. 8. Codifica in bianco e nero di un triangolo

Per esempio il triangolo nella Fig. 8 può essere codificato come: 0000000 0111100 0110000 0100000, dove '0' significa che il pixel è bianco, '1' significa che il pixel è nero. Abbiamo 28 pixel (quadratini), ossia 4 righe per 7 colonne, che per convenzione abbiamo deciso di rappresentare dal baso verso l'altro e da sinistra verso destra. Dunque i primi sette 0 della sequenza indicano la ultima riga dell'immagine, che è tutta bianca, la seconda sequenza indica la penultima riga, etc. E' chiaro che poiché non sempre il contorno della figura coincide con le linee della griglia in questo modo si ottiene solo è un'approssimazione della figura originaria. Se infatti provassimo a convertire la sequenza di bit 00000000111110001100000100000 in una immagine, otterremmo il risultato mostrato in Fig. 9.

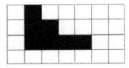

Fig. 9. Riconversione in immagine di una stringa di bit

Dunque più alto è il numero di pixel (o, in modo equivalente, minori sono la dimensioni dei quadratini in cui è suddivisa un'immagine) maggiore sarà la fedeltà della stringa all'immagine originale. In altre parole la qualità dell'immagine è tanto migliore quanto maggiore è la **risoluzione** (che si esprime con una coppia di numeri indicanti rispettivamente i pixel orizzontali per quelli verticali, p. es. 640x480 pixel).

Ovviamente per codificare immagini più complesse di quelle in bianco e nero, ossia in toni di griglio o a colori si usa la stessa tecnica appena descritta. Per codificare immagini con diversi **toni di grigio** per ogni pixel si stabilisce il livello medio di grigio a cui viene assegnata convenzionalmente una rappresentazione binaria. A tal punto per memorizzare un pixel non è ovviamente più sufficiente un solo bit. Se usiamo 4 bit possiamo rappresentare 16 livelli di grigio, con otto bit ne possiamo rappresentare 256, e così via.

Per codificare le immagini a colori bisogna semplicemente raffinare ulteriormente questa tecnica. In questo caso si tratta di individuare un certo numero di sfumature di colore differenti e di codificare ogni sfumatura mediante un'opportuna sequenza di bit.

La rappresentazione di un'immagine mediante la codifica dei pixel, viene chiamata codifica bitmap e l'immagine viene definita **discretizzata**. Il numero di byte che tale codifica richiede, e quindi la memoria che occupa, dipende dalla risoluzione e dal numero di colori che ogni pixel può assumere. Tuttavia le immagini digitali si possono generare anche in altri modi, mediante la definizione di primitive grafiche diverse dai quadratini (p. es. linee, archi, poligoni, cerchi, espresse analiticamente). Le immagini così ottenute sono definite **vettoriali**.

Il processo di digitalizzazione delle immagini fa sì che esse possano essere **elaborate**, ossia è possibile applicare una trasformazione alla sequenza di bit che genera l'immagine (p. es. modificare un colore, lo sfondo, etc.). Tuttavia memorizzare e inviare dati digitali non è semplice in termini tecnologici e per questo, al fine di rendere l'operazione più snella, è necessario impiegare tecniche di compressione per ridurre lo spazio occupato da questi dati. Esistono due principali sistemi di compressione per ottenere questo risultato: quella senza perdita di dati (**lossless**) e quella con perdita di dati (**lossy**). La prima è tale da memorizzare i pixel vicini identici una volta sola e si ricorda quante volte occorrono nell'immagine, la seconda non si memorizzano tutti i pixel, ma solo una frazione di essi. Si usano funzioni matematiche di interpolazione per ricostruire i pixel mancanti.

In particolare la compressione lossless è una tecnica completamente reversibile ed è in grado di ricostruire tutti i dati originali. Tuttavia per questo motivo il fattore di compressione non è molto elevato (normalmente oscilla tra 2 a 5, a seconda del tipo di dati) ed è indicata per dati testuali o sonori. D'altra parte la compressione lossy elimina in modo irreversibile la parte di informazione meno significativa, permettendo dunque in fase di decompressione una buona ricostruzione dei dati con fattori di compressione dell'ordine di 10 o 100 (ma non è indicata per dati testuali). Tali tecniche di compressione vengono applicate a tutti i tipi di dati, producendo file digitali. Dunque non solo testi e immagini, ma anche video e audio (tra questi ultimi il più noto e standard è il formato audio **MP3**, che permette di ottenere un fattore di compressione 12:1 senza perdita di qualità del suono).

2
Architettura del Computer

1. Concezione del computer

L'odierno computer è costruito secondo un'architettura che risale alla macchina di von Neumann, elaborata negli anni '40 del '900 appunto dal matematico John von Neumann e altri talentuosi sviluppatori. Tale architettura si basa su cinque componenti fondamentali:

1. CPU (o unità di lavoro) che si divide a sua volta in
   - Unità operativa, nella quale uno dei sottosistemi più rilevanti è l'unità aritmetica e logica (o ALU).
   - Unità di controllo.
2. Unità di memoria, ossia la memoria di lavoro o memoria principale (la RAM, acronimo di *Random Access Memory*)
3. Unità di input, tramite la quale (o le quali) i dati vengono inseriti nel calcolatore per l'elaborazione.
4. Unità di output, che restituisce i dati elaborati all'operatore.
5. Il Bus, un canale che collega tutti i componenti fra loro.

A partire da questo concezione sono sati sviluppati e via via sempre più raffinati gli elaboratori che oggi usiamo quotidianamente. Tali computer sono costituiti da due principali parti: l'hardware e il software

L'hardware è l'insieme degli elementi fisici, ossia le parti meccaniche ed elettriche. Il **software** è l'insieme dei programmi che consentono al computer di effettuare i vari compiti. Con il termine **programma**, si intende una applicazione disegnata per far svolgere al computer un compito preciso (scrittura di testi, gestione di database, etc.). Nello specifico un programma fornisce una sequenza ordinata di operazioni, dette istruzioni, che guidano il computer. Affinché un computer possa svolgere un qualsiasi compito è dunque necessario un programma. Infine si suole definire l'insieme di tutte le tecnologie fisiche e logiche (ossia non fisiche) che permettono la manipolazione e la trasmissione delle informazioni (computer, reti, telefonia, internet, servizi telematici, etc.) con il termine **Information Technology (IT)**.
Esistono vari tipi di computer. I principali sono:

- **Mainframe,** ossia elaboratori di grandi dimensioni sia in termini fisici sia di potenza di calcolo, che usati per lo più per applicazioni scientifiche, militari o per gestire database di grandi aziende (enti, banche, società finanziarie, etc.), il cui costo può anche essere di decine di milioni di euro. L'Italia ha un piccolo primato nella costruzione dei computer mainframe: l'Olivetti Elea 9003 è stato infatti primo computer mainframe al mondo interamente progettato a transistor (vd. Fig. 10).

Fig. 10. Console di comando dell'Olivetti Elea 9003

- **Minicomputer,** ossia elaboratori di medie dimensioni e potenza di calcolo, usati per lo più per gestire basi di dati di piccole-medie aziende o dipartimenti (server), il cui costo può essere di decine o anche centinaia di migliaio di euro.
- **Personal computer (PC),** elaboratori utilizzabili da una singola persona per gli impieghi più disparati (lavoro, casa, divertimento, internet).
- **Laptop,** elaboratori che letteralmente significa "da grembo", e sono i cosiddetti portatili, notebook, ultrabook, etc. Hanno il vantaggio di essere leggeri, facili da trasportare e utilizzabili ovunque, anche se rispetto ai PC presentano un costo medio più elevato a parità di prestazioni e sono poco o meno espandibili (cioè si possono aggiungere e cambiare pochi accessori interni).

2. I Componenti del personal computer

Il personal computer rimane ancora oggi il dispositivo più diffuso al mondo per la gestione automatica delle informazioni, anche gli andamenti della vendite mostrano che i laptop e i tablet stanno acquisendo fette sempre maggiori del mercato, lasciando intravedere un futuro in cui saranno essi a dominare la scena.

Un personal computer è costituito da una **unità centrale** e da un insieme di dispositivi esterni detti **periferiche** (vd. Fig. 11).

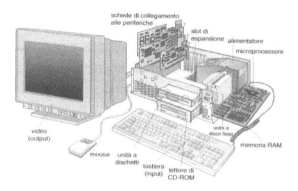

Fig. 11. Composizione di un personal computer

Nell'unità centrale sono collocati tutti i componenti fondamentali del computer (CPU, memorie, schede, etc.). Le periferiche, invece, hanno generalmente funzioni di *input* e *output* dei dati, cioè servono ad immettere dati nel computer o a riceverne da esso. Le periferiche più comuni sono: tastiera, mouse, schermo video, stampante, microfono, casse acustiche, modem, scanner, videocamera. Analizzerò ora con maggior dettaglio la composizione di un PC esaminando sia la parte hardware sia la parte software.

3. L'hardware

La parte più importante del un PC è l'Unità centrale di elaborazione (CPU), ossia l'elemento che interpreta ed esegue le istruzioni dei programmi, compie i calcoli, attiva e controlla il funzionamento degli altri componenti (vd. Fig. 12). Un parametro critico della CP è la sua velocità che si suole indicare con la frequenza di clock espressa in MegaHertz (Mhz). Tale grandezza esprime i milioni di cicli al secondo che la CPU è in grado di compiere: tanto più è elevata tanto più è veloce. Una CPU ha le dimensioni molto ridotte, equivalenti a quelle di un dito di bambino.

Fig. 12. Una CPU

L'hardware si distingue dunque in due classi: i dispositivi di input e di output.

I dispositivi di input sono quelli che consentono di inserire dati nel computer. I principali sono la tastiera, il dispositivi di puntamento (p. es. mouse, trackball, che consentono di posizionare un cursore in una data posizione dello schermo), i dispositivi ottici come scanner o scanner per codice a barre.

Gli scanner per codici a barre (vd. Fig. 13) servono a leggere i codici a barre, ossia i codici usati per identificare un prodotto in cui i valori numerici vengono registrati sotto forma di barre di varia larghezza. Questo sistema è usato nei punti vendita perché consente di comunicare a un computer il codice univoco del prodotto, registrando la vendita in modo rapido e senza errori.

Fig. 13. Un codice a barre

Gli scanner consentono invece di acquisire qualsia pagina di testo e figura, trasformandoli in file utilizzabili dal computer, per elaborare immagini o testi.

I dispositivi di output sono invece quelli che consentono ad un operatore di ricevere dati dal computer. I principali sono l'unità di visualizzazione (schermo o monitor), la stampante e il modem.

Un monitor è il normale display sul quale si visualizza lo stato del computer. La qualità di uno schermo è determinata da due principali fattori: la dimensione, espressa indicando la lunghezza della diagonale in pollici[1], e la risoluzione, espressa come il numero di punti (pixel) visualizzabili su una riga per numero di punti su una colonna (per es. 800x600 pixel significa che su una riga si possono visualizzare 800 punti e su una colonna 600).

La stampante è il dispositivo in grado di riprodurre su un foglio di carta qualsiasi tipo di documento digitale (testi, immagini, fotografie, etc.). I fattori caratteristici di una stampante sono la velocità, che si suole misurare con l'indice 'pagine per minuto' (in breve *ppm*), cioè il numero di pagine (in formato A4) stampabili in un minuto, e la risoluzione, che si suole misurare in dpi (dot per inch, cioè punti per pollice), ossia il numero di punti stampabili in un pollice. Ovviamente più questo valore è alto, maggiore sarà la qualità della stampa. Sono disponibili quattro modelli fondamentali di stampanti. La stampante ad aghi, che è quella più rumorosa e dalla ridotta qualità di stampa, la quale è però in grado di offrire la maggiore economia d'esercizio (ossia di economicità delle cartucce e consumo di inchiostro). La stampante a getto di inchiostro, che bilancia qualità di stampa, silenziosità e velocità, offrendo anche la possibilità di stampe a colori. La Stampante laser, che fornisce grande qualità ed elevate velocità di stampa, ad un costo superiore rispetto alla stampa a getto di inchiostro. Infine abbiamo il plotter, in grado di produrre stampe di altissima qualità su grandi formati (p.es. poster pubblicitari), i cui costi sono tuttavia ancora elevati e pertanto viene impiegato per applicazioni professionali.

Il modem (acronimo di **m**odulatore/**dem**odulatore) è una periferica sia di **input** sia di **output**, ossia in grado sia di ricevere che di trasmettere dati. In pratica è il telefono del computer, che consente a due o più computer di comunicare tramite la normale linea telefonica. Tale dispositivo è indispensabile per collegarsi alla rete Internet e per usufruire di qualunque servizio telematico.

4. Dispositivi di memoria

Esistono altri dispositivi del computer che sono essenziali al suo funzionamento e alle sue performance, quali le memorie. Esse sono dispositivi deputati alla conservazione di certe informazioni per un certo periodo di tempo. La quantità di dati immagazzinabili da tali memorie (ossia la loro capacità) cresce vertiginosamente, viene misurate mediante il numero di informazioni che possono trattenute. In

---

1

Un pollice = 2,55 cm

particolare le unità di misura della quantità di informazione (e quindi della capacità della memoria) sono le seguenti:

- il *bit*, ossia l'unità di misura più piccola. Come abbiamo visto, può assumere solo 2 valori che possono essere rappresentati da 0 e 1 (si-no; vero-falso).

- *il byte*, formato da 8 bit, il quale è l'unità di misura base della capacità di memoria. Infatti un byte è la quantità di memoria usata per memorizzare un carattere (ossia una lettera dell'alfabeto, una cifra numerica o un simbolo grafico).

- il *KiloByte (KB)*, formato da 1024 byte (10^3 byte);

- *il MegaByte (MB)*, formato da 10^6 byte, ossia oltre 1 milione di byte. In dettaglio 1 MB = 1.024 KB = 1.048.576 Byte. Tale unità è generalmente usata per le memorie e per i file.

- *GigaByte (GB)*, formato da formato da 10^9 byte e quindi oltre 1 miliardo di byte. In dettaglio 1 GB = 1.024 MB = 1.073.741.824 Byte. E' usata per le memorie più grandi, per gli attuali HD, per i DVD.

- *TeraByte (TB)*, formato da formato da 10^{12} byte, usata per gli HD di ultima generazione.

E così via con misure sempre grandi, come il *Petabyte* (PB, 10^{15} byte), *l'Exabyte* (EB, 10^{18} byte) etc.

L'ordinamento dei dati nelle memorie di massa avviene in base al alcuni principi organizzativi che impiegano alcuni concetti essenziali che sono:

- il *file*, ossia l'oggetto usato per memorizzare un qualunque dato su una dispositivo di memoria: programmi, documenti, immagini, brani musicali sono memorizzati sempre sotto forma di file.

- il *record*, ossia il blocco di dimensione prefissata attraverso cui il contenuto di un viene diviso. Ognuno file è registrato su questi blocchi, detti *record*.

- la *directory o cartella*, ossia un oggetto in grado di contenere gruppi di file o, a sua volta, altre directory. Essa è particolarmente utile per raggruppare i file in base a certi criteri (p. es. la tipologia) e quindi per facilitarne l'ordinamento e soprattutto la ricerca.

Organizzare i file all'interno di directory è un'operazione piuttosto comune, che tuttavia andrebbe fatta rispettando alcuni criteri guida come:

a) mantenere i programmi e i documenti in directory diverse;

b) porre i file dello stesso tipo nella stessa directory al fine di renderne più facile la ricerca.

c) porre un limite al numero di file presenti in una directory.

d) Evitare di avere troppi sottolivelli in una directory.

Le attuali memorie del computer possono essere classificate in due principali categorie:

- memorie esterne o di massa (hard disk, CD-ROM, penne usb).
- memorie veloci o interne (RAM, ROM, Cache).

Le memorie esterne o di massa cono caratterizzate da proprietà come la *capacità di immagazzinare* ingenti quantità di dati a costi complessivamente bassi, e la *non-volatilità*, ossia il fatto che le informazioni in esse memorizzate non vengono perdute quando il computer viene spento. Il loro principale uso è quello di memorizzare tutti i dati necessari al computer quando questo è spento e di trasportare i dati da un computer all'altro. Esse possono essere composte da diverse tecnologie, nella fattispecie magnetiche, ottiche, magnetoottiche e a stato solido.

Le memorie magnetiche sono quelli degli hard disk (disco fisso) o dei vecchi dischetti, che saranno in breve sostituite da quelle più efficienti a stato solido. Tali memorie sono comunemente utilizzate all'interno all'unità centrale, e non sono estraibili.

Le memorie ottiche sono i CD-ROM (acronimo del termine **C**ompact **D**isc - **R**ead-**O**nly **M**emory) e i DVD (acronimo del termine inglese **D**igital **V**ersatile **D**isk, in italiano *Disco Versatile Digitale*, originariamente chiamato Digital Video Disc, ossia *Disco Video Digitale*) che sono dischi registrati e letti attraverso un raggio laser.

Le memorie a stato solido (SSD) utilizzano memoria materiali a stato solido (in particolare le memorie flash), cioè basate sui materiali semiconduttori. La principale differenza con i classici dischi magnetici risiede nella possibilità di memorizzare dati senza utilizzare *dispositivi meccanici*. Tal possibilità porta diversi vantaggi, di cui i principali sono l'assenza di rumorosità (non vi è infatti alcun motore di rotazione, al contrario degli HDD tradizionali), minore possibilità di rottura, minori consumi durante le operazioni di lettura e scrittura, tempi di accesso e archiviazione molti piccolo (decimi di millisecondo); non necessitano inoltre di deframmentazione; maggiore resistenza agli urti, minore produzione di calore. Tuttavia essi comportano mediamente un maggiore prezzo (che oscilla tra 0,50 € e 1,00 € per gigabyte) e una minore durata dell'unità, a causa del limite di riscritture delle memorie flash. Entrambi i problemi sembrano però destinati a soluzione in breve.

Le memorie veloci o interne sono invece la RAM, ROM e Cache

La **RAM** è la memoria di lavoro, sulla quale vengono salvati temporaneamente i dati e i programmi che il computer sta utilizzando in quel momento. E' una memoria veloce, ma volatile, ossia tutte le informazioni vanno perdute quando l'alimentazione elettrica viene staccata: è questo il motivo che rende necessario salvare i dati e i documenti sulle memorie di massa prima di spegnere un computer. I due parametri che determinano la qualità di una memoria sono la capacità e la velocità, la quale viene espressa in Mhz (come per la CPU).

La **ROM** è una memoria a sola lettura (**Read Only Memory**), il che significa che il suo contenuto non è modificabile. In particolare essa contiene i programmi e le operazioni che devono essere eseguiti quando il computer viene avviato, che in ordine sono essenzialmente tre (diagnostica, setup e bootstrap):

- individuare i componenti di cui dispone e verificarne il corretto funzionamento (**diagnostica**).
- aggiungere, se necessario, nuovi componenti (**setup**).
- caricare il sistema operativo dalla memoria di massa (dove è memorizzato a computer spento) nella RAM (**bootstrap**).

Una volta che il sistema operativo è stato caricato sulla RAM, prende il controllo del sistema e consente l'esecuzione dei vari software applicativi.

I componenti hardware che abbiamo fin qui descritto influenzano le prestazioni complessive di un computer, che dipendono principalmente, ma non unicamente, da cinque componenti: CPU, RAM, HD, scheda grafica e sistema operativo. La scelta delle caratteristiche di questi dispositivi incide profondamente sulla sue prestazioni.

5. Il software

Con il termine software si intende l'insieme di programmi e applicazioni che consentono al computer di eseguire funzioni e compiti specifici. La nozione di software è strettamente collegata a quella di **algoritmo**.
Un algoritmo è una sequenza ordinata e finita di azioni o istruzioni che trasforma in un tempo finito una classe di dati in entrata in un certo output (dati in uscita). L'esecuzione delle azioni nell'ordine specificato dall'algoritmo consente di ottenere, a partire dai dati di ingresso, un output il cui risultato risolve il problema rappresentato dai dati in

ingresso. Gli algoritmi sono dotati di alcune proprietà quali eseguibilità, finitezza, non-ambiguità. Ossia, ogni istruzione o azione deve poter essere eseguita in un *tempo finito* (**eseguibilità**); ogni istruzione o azione deve poter essere interpretata **univocamente** dell'esecutore (**non-ambiguità**) – ossia una macchina, e il numero totale di istruzioni o azioni da eseguire, per ogni insieme di dati di ingresso, deve essere finito (**finitezza**).

I due principali tipi di software sono quello di *sistema* e quello *applicativo*.

Il **software di sistema (il sistema operativo)** comprende tutti quei programmi che permettono ad un operatore (normalmente un essere umano) di utilizzare un computer, e il più importante e noto è il cosiddetto *sistema operativo*. Il sistema operativo fondamentalmente assolve ad un insieme di compiti cruciali per il funzionamento dell'elaboratore. Controlla la CPU permettendole di svolgere correttamente i vari programmi, controlla la memoria centrale (RAM) allocandola nel miglior modo possibile tra i programmi in esecuzione, gestisce i dati salvandoli e organizzandoli sulle memorie, in modo da potervi accedere con facilità e velocità. Bisogna osservare che ogni sistema operativo impiega una modalità specifica per organizzare i dati sui dispositivi di memoria e ciò rende necessario la formattazione di tali dispositivi. Inoltre il sistema operativo gestisce le periferiche di input/output (tastiera, mouse, video, stampante, ecc.).

A tal fine si avvale di un interfaccia volta a semplificare al massimo e rendere intuitiva l'interazione utente-elaboratore. Attualmente quasi tutte le interfacce sono di tipo grafico (le cosiddette GUI - *Graphic User Interface*), ossia in cui i comandi e i programmi sono rappresentati da immagini.

Gli strumenti essenziali in una GUI sono la finestra, il cursore o puntatore e l'icona. La finestra (*window*) è una porzione di schermo (in alcuni casi può occupare tutto lo schermo) e ogni programma usa almeno una sua finestra attraverso la quale visualizza i dati di output; pertanto si possono avere più programmi attivi contemporaneamente, ognuno con la propria finestra sullo schermo. Il puntatore ha normalmente l'aspetto di una freccia che serve a posizionarsi sui vari elementi dello schermo al fine di selezionarli e attivarne le funzioni; il puntatore viene mosso attraverso uno dei dispositivi di puntamento visti in precedenza, quali il mouse o il trackball. L'icona è infine la singola immagine associata ad un elemento dell'interfaccia (che può essere sia un comando sia un programma).

Il software applicativo è invece un programma che permette all'operatore di eseguire un particolare compito (come scrivere una testo). I più diffusi tipi di programmi applicativi sono i word processor (vd. Cap. 4), gli spread sheet (vd. Cap. 4), i gestori di data base (vd. Cap. 5), i software di presentazione, e naturalmente i videogiochi.

Gli elaboratori di testo (word processor) permettono di redigere documenti testuali formattandoli e impaginandoli, e il software di questo tipo più noto è il pacchetto Microsoft Word.

I fogli di calcolo (spread sheet) permettono di operare su grandi quantità di informazioni e dati, e consentono calcoli sui dati, costruzione di tabelle e grafici, estrazione di risultati sintetici. Il software di questo tipo più noto è il pacchetto Microsoft Excel.

I gestori di basi di dati (Data Base Management System) permettono di costruire e gestire dati. I compiti fondamentali sono archiviare, organizzare secondo diversi criteri, ricercare e presentare i dati. I software di questo tipo più noti sono Microsoft Access e Oracle.

I programmi di presentazione permettono di ideare una serie di schermate (dette slide, cioè diapositive) utilizzabili come supporto video e audio ad una presentazione o a una lezione. Il software di questo tipo più noto è il pacchetto Microsoft Powerpoint.

Infine i videogiochi (videogames) sono gli applicativi che hanno permesso ai computer di diffondersi ed essere apprezzati, soprattutto a partire dagli anni '80, quando l'esplosione delle vendite degli home computer (come il Commodore 64, il Sinclair ZX Spectrum, l'MSX, etc.) furono proprio indotte dalla diffusione dei videogames.

3
Videoscrittura e foglio di calcolo

1. Premessa

In questo capitolo fornisco una breve presentazione dei due tipi di software più utilizzati per lavoro, ossia la videoscrittura, che esemplificherò usando come esempio il programma Microsoft Word su sistema operativo Windows di Microsoft, e il foglio di calcolo, che esemplificherò usando come esempio il programma Microsoft Excel su sistema operativo Windows di Microsoft.

2. La videoscrittura: Word

Word è un programma di videoscrittura ideato dalla Microsoft Corp. e fornisce una piattaforma per integrare testi e grafica. E' un tipico esempio di software WYSIWYG ossia 'What You See Is What You Get', ciò che vedi è ciò che ottieni. Infatti esso mostra sul display il testo esattamente come comparirà sulla pagina stampata consentendo di ottenere e controllare visivamente ciò che stiamo ideando.

Dopo aver avviato il programma si può cliccare sull'icona 'nuovo documento' e viene visualizzato un nuovo documento vuoto, senza un nome specifico. A questo punto è possibile iniziare il processo di videoscrittura avvalendosi di tutte le funzioni che questo software mette a disposizione. Il punto di inserimento, segnalato da un cursore lampeggiante, mostra dove apparirà il successivo carattere immesso. Esso può essere attivato e cambiato cliccando con il mouse nel punto voluto. La barra di scorrimento, posta normalmente a sinistra del documento, premette di visualizzare, scorrendole appunto, le parti del documento che non sono in quel momento visibili o visualizzabili sullo schermo (o meglio la finestra). Il righello, visibile a sinistra e sopra l'area del documento, consente di impostare i margini e i rientri del testo. In caso di dubbio, il pulsante *Guida* serve a visualizzare informazioni e suggerimenti sull'utilizzo di Word. Inoltre le barre degli strumenti *Standard* e *Formattazione* consentono di creare, modificare e formattare i documenti. La barra di stato, posta in fondo alla finestra di Word, riporta informazioni sul documento, come il numero delle parole, la lingua usata, il numero di pagina corrente su quello totali.

Una operazione importante da fare è ovviamente memorizzare un documento e salvarne il contenuto periodicamente per non perdere i dati inseriti. Per far ciò è sufficiente fare clic sulla voce *File => Salva con nome,* che aprirà la seguente finestra di dialogo:

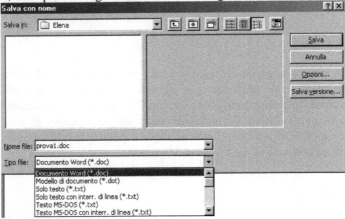

Fig. 14. Finestra di dialogo per la memorizzazione di un file word

A questo si apre una finestra di dialogo *'Salva con nome'* (vd. Fig. 14) e bisogna inserire nella casella *'nome file'* della finestra di dialogo il nome al documento. Nella casella *'tipo file'* bisogna specificare il formato di memorizzazione (può essere Word, Word97-2003, txt, rtf, ecc.). Infine nell'elenco a discesa della casella *'salva in'* bisogna selezionare la cartella nella quale memorizzare il documento e fare clic sul pulsante *'salva'.* Si può continuare a lavorare sul file, che è opportuno salvare periodicamente premendo shif+F12. Quando si è invece giunti a termine della sessione di lavoro con Word e si deve uscire, abbiamo a disposizione tre opzioni per compiere questa operazione: cliccare sul pulsante a forma di X (*'chiudi'*) della finestra, posto in alto a destra nello schermo; oppure selezionare *File => Chiudi* dal menu di Word per chiudere il documento attivo ma continuare ad utilizzare Word; oppure selezionare *File => Esci* dal menu di Word per chiudere tutti i documenti aperti ed uscire da Word. **N.B. se il documento è stato modificato dopo l'ultimo salvataggio Word chiede conferma del fatto che si vuole salvare le modifiche effettuate: è necessario rispondere sì per non perdere tutti i dati inseriti dall'ultimo salvataggio.**

Per aprire ed editare un documento già creato o esistente, dopo aver avviato Word bisogna selezionare la menu *'File'* della barra di Word posta in alto la voce *'apri',* quindi la finestra di dialogo mostra i file recenti oppure offre la possibilità di cercare all'interno del computer il documento da aprire.

Per stampare su carta, o un sopporto cartaceo, un documento è necessario selezionare dal menu di Word *'File'* => *'Stampa'*. Quando si avvia la finestra di dialogo *Stampa* (vd. Fig. 15) abbiamo a disposizione diverse opzioni. Innanzitutto bisogna specificare la stampare da utilizzare selezionandola sotto la voce *'nome'* nell'elenco a discesa della sezione *'Stampante'*. Bisogna quindi specificare l'intervallo di stampa specificarlo nella sezione *'Pagine da stampare'*.

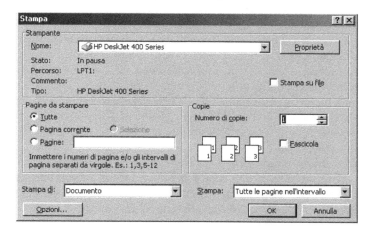

Fig. 15. Finestra di dialogo di Stampa

Se si vuole stampare più copie del documento bisogna specificarlo nella sezione *'Copie'*, indicando il numero esatto. Se si desidera cambiare formato, tipo e alimentazione della carta e qualità stampa cliccare sul pulsante *'Proprietà'* posto accanto al nome della stampante. Per selezionare la stampa a colori o a toni di grigio e l'orientamento del foglio fare clic su *Proprietà/Caratteristiche*. Ricordarsi sempre di fare clic sul pulsante *'OK'* posto in basso a destra nella finestra di dialogo per avviare il processo di stampa.

Word offre un pluralità di strumenti per editare e revisionare il testo di un documento, consento di inserire immagini, tabelle, paragrafi, elenchi numerati, etc.

2.1. Formattazione del testo

Al fine di compiere certe operazioni su un testo, o una porzione di esso, è necessario innanzitutto selezionarlo. Ciò può essere fatto in modi diversi a seconda delle esigenze. E' possibile posizionare il cursore alla sinistra della porzione di testo (lettera, parola, frase) da selezionare e trascinare il mouse fino alla fine della selezione desiderata. E' possibile usare le *frecce direzionali (o tasti cursore)* tenendo premuto contemporaneamente il tasto *Maiusc.* E' inoltre possibile fare clic tenendo premuto *Ctrl* all'interno di un paragrafo per selezionarlo. E' possibile fare doppio clic su una parola per selezionarla e modificarla. Infine per selezionare l'intero documento si può attivare la voce del menu *Modifica => Seleziona tutto*.

Una particolare forma di formattazione modifica del testo è ovviamente **la cancellazione**. Un testo, o una porzione di esso, può essere cancellato o sostituito in vari modi. E' possibile premere il tasto *BackSpace* (indicato anche con '*del*' o '←') per cancellare il carattere a sinistra del punto di inserimento. E' possibile invece usare '*canc*' per cancellare il carattere a destra del punto di inserimento. E' possibile selezionare una parola o un blocco di testo e premere '*canc*' per eliminarlo. E' infine possibile selezionare una parola o un blocco di testo e digitare il testo che li deve sostituire. La sostituzione ripetuta di una parole o porzione di testo può essere fatto cliccando sul pulsante '*sostuisci*' della barra principale e digitando nei appositi campi il testo da sostituire e quello che lo sostituisce.

Per modificare il **formato del carattere** è innanzitutto necessario selezionare il testo da modificare. Se invece di modificare del testo già esistente si desidera solo scegliere un altro formato del carattere per il testo che deve ancora essere digitato, non è necessario effettuare alcun selezione. In ogni caso è necessario selezionare il menu *Formato => Carattere* per visualizzare la finestra di dialogo '*Carattere*' (vd. Fig. 16). Oppure bisogna cliccare con il tasto destro sulla selezione e scegliere la voce *Carattere*.

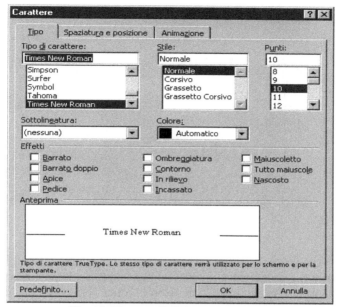

Fig. 16. Finestra di dialogo 'Carattere'.

A questo punto bisogna effettuare le selezioni desiderate nella finestra di dialogo *'Carattere'*: modificare a scelta il tipo di carattere, lo stile, la dimensione in punti, il tipo di sottolineatura, il colore, ecc. Per rendere efficaci le modifiche ricordarsi di premere il pulsante *OK*.

Word offre anche la possibilità di **modificare i paragrafi**. A tal fine bisogna per prima cosa posizionare il cursore nel paragrafo da modificare, oppure selezionare il blocco di testo costituito da più paragrafi sul quale si desidera operare. A questo punto è possibile modificare il paragrafo in due modi: o cliccando sugli appositi bottoni nella barra degli strumenti *'Paragrafo'* posta in alto, oppure cliccare sul pulsante destro del mouse e poi selezionare la voce *'Paragrafo'* sul menu che compare. Da qui è possibile modificare l'allineamento, l'interlinea, le tabulazioni, i rientri del testo. Premere il pulsante *OK* per rendere effettive le modifiche.

Un'altra utile funzione offerta nelle funzioni di gestione del paragrafo è quella di poter aggiungere **un bordo o uno sfondo** ad un paragrafo, alle celle di una tabella o alle pagine. A tal fine bisogna posizionare il cursore all'interno del paragrafo da modificare e selezionare il menu a discesa dei bordi attivando l'apposito pulsante. A questo punto bisogna semplicemente scegliere il tipo di bordo desiderato (vd. Fig. 17).

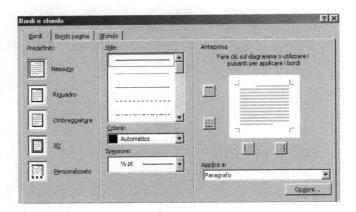

Fig. 17. Inserimento dei bordi

Un utile strumento di formattazione del testo sono gli **elenchi puntati e numerati**. Per inserirne uno è sufficiente premere il pulsante apposito sulla barra degli strumenti di office (Fig. 18). I due pulsanti di elenco numerate e puntato sono adiacenti e si possono scegliere vari formati in base alle proprie esigenze.

Fig. 18 . Tasto elenco numerato

Gli elenchi possono essere anche strutturati, ossia presentare vari livelli e sub-livelli (anche se è sconsigliabile farne troppi poiché incidono sulla leggibilità del testo).

2.2 Revisione del testo

La videoscrittura ha reso facile, automatizzabile e del tutto riscrivibile e modificabile tutto ciò che prima, con le macchine da scrivere, richiedeva un attento lavoro e ammetteva pochi margini di errore. Uno dei compiti che ora risulta più facile è al revisione del testo, operazione per la quel esistono diversi strumenti a disposizione. Infatti è possibile con un text editor come Word effettuare operazioni come taglia, copia e incolla, inserire immagini, inserire simboli, etc. Vediamo le principali operazioni che sono possibili.

La prima è **l'annullamento o ripristino di una operazione**. Infatti se si effettua un'operazione e si desidera annullarla al fine di tornare alla situazione precedente, o viceversa, si può ricorrere alla funzione *'Annulla'* (cliccando sul pulsante ↶ in alto nella barra delle funzioni di Word) oppure *'Ripristina'* (cliccando sul pulsante ↷ in alto nella barra delle funzioni di Word). Tali operazioni sono iterabili, ossia possono essere ripetute più volte al fine per annullare o ripristinare un numero di operazioni.

Una operazione di fondamentale importanza e utilità è quella del **Taglia, Copia** e **Incolla**, che consente di spostare porzioni di testo (incluse immagini o altri elementi). A tal fine ci si può avvalere di due modalità. Lo si può fare innanzitutto con i pulsanti della barra degli strumenti di Word. Per tagliare, ossia rimuovere un blocco di testo, bisogna selezionare la porzione di testo desiderata e fare clic sull'icona *'Taglia'* (✂) della barra degli strumenti Standard. Per copiare, ossia riprodurre una copia del blocco di testo senza tuttavia rimuovere il testo copiato, bisogna selezionare la porzione di testo desiderata e fare clic sull'icona *'Copia'* (📋) della barra degli strumenti Standard. Infine per incollare bisogna, ossia riprodurre una copia del blocco di testo senza tuttavia rimuovere il testo copiato, inserire in un altro punto del documento il testo precedentemente tagliato o copiato, bisogna selezionare la porzione di testo desiderata e fare clic sull'icona *'Incolla'* (📋) della barra degli strumenti Standard.

Si può fare tutto questo anche con la tastiera, ossia con le combinazione di tasti: ctrl+C per copiare, ctrl+V per incollare, crtl+X per tagliare.

Inoltre è possibile compiere queste operazioni con il *drag and drop*, ossia letteralmente trascinando e rilasciando con il mouse la porzione di testo selezionata. Se si vuole spostare un blocco di testo si seleziona il blocco di testo e lo si trascina tenendo premuto il tasto sinistro del mouse mentre si sposta il testo nella nuova posizione. Se si vuole copiare un blocco di testo, lo si seleziona tenendo premuto Ctrl e lo si trascina tenendo premuto il tasto sinistro del mouse mentre si sposta il testo nella nuova posizione.

Word permette di inserire nel testo una enorme quantità di **simboli** non presenti sulla tastiera. A tal fine (vd. Fig. 19) è necessario posizionare il cursore nel punto del documento in cui si desidera inserire il simbolo, cliccare sul menù *'Inserisci'* e poi sul bottone simboli (indicato dalla lettera greca 'Ω). Si sceglie il simbolo desiderato nella lista e poi si clicca sul pulsante *'Inserisci'*.

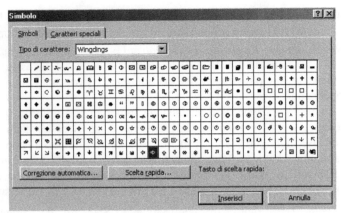

Fig. 19. Inserimento di un simbolo

Oltre a simboli, è ovviamente possibile **inserire anche immagini** nei vari formati disponibili: file bitmap, immagini vettoriali, immagini di tipo Windows Metafile, file di tipo JPEG, GIF, TIF e così via. Per inserire un immagine è sufficiente posizionare il cursore nel punto del documento in cui si desidera inserire l'immagine (non è necessario un punto esatto, poiché quasi sicuramente l'immagine dovrà essere risistemata manualmente. Si clicca sulla voce dal menù *Inserisci =>Immagine*. Si seleziona il file che si desidera inserire e l'immagine comparirà nel documento e molto probabilmente avrà bisogno di essere sistemata (dimensione, modalità di disposizione del testo intorno ad essa, trasparenza, posizione, etc.).

Un'altra utile funzione è la cosiddetta **casella di testo**, la quale consente di aggiungere un testo in un qualsiasi punto della pagina e ha l'aspetto di una etichetta adesiva. Per inserire la casella di testo bisogna cliccare sula voce 'inserisci' del menù di word e poi cliccare sul bottone della casella di testo. A questo punto è possibile variare le dimensioni della casella trascinando il puntatore del mouse e quindi inserire il testo all'interno della casella. Inoltre è possibile *posizionare* un elemento testuale o grafico davanti o dietro il testo principale. Per posizionare la casella contenente l'elemento testuale o grafico davanti o dietro il testo principale selezionare la casella con un clic, attivare *'formato casella di testo'* dal menù che compare e quindi sulla voce *'layout'* o *'davanti al testo'* o *'dietro al testo*. Infine è ovviamente possibile creare cornici alla casella di testo, spessori, si può rendere l'immagine tridimensionale, inserire forme, frecce, ruotare oggetti, colorare la casella o il testo selezionato.

Un elemento essenziale della formattazione del testo che è del tutto controllabile con i text editor come Word di Office è **l'intestazione e il**

piè di pagina. L'intestazione e il piè di pagina corrispondono alle parti del documento posti rispettivamente nella parte alta e nella parte bassa della pagina e che si ripetono su tutte le pagine (o solo su intervalli di pagine, in base ai propri desideri). Nell'intestazione si suole inserire il titolo del testo al fine di farlo comparire automaticamente su tutte le pagine. A piè di pagina è usanza porre i numeri di pagina o altre informazioni. Anche questo libro fa uso di queste funzioni: a piè di pagina è visibile il numero delle pagine, nell'intestazione sono presenti alcune informazioni del libro come il titolo e il titolo dei suoi capitoli. Per inserire o editare intestazioni e piè di pagina già esistenti è necessario cliccare sulla voce *'inserisci'* nel menù della barra degli strumenti di Word, quindi andare sui pulsanti *'Intestazione'*, *'Pié di pagina'* o *'Numero di pagina'*. Da qui è possibile modificare a piacimento tutti e tre questi elementi, ed è possibile creare delle sezioni all'interno del documento, in modo che ogni sezione possa riportare informazioni diverse. In particolare per effettuare la **numerazione delle pagine** è necessario indicare la posizione (centro, destra, etc.), l'aspetto (numeri arabi o romani), specificare se il numero debba o meno comparire sulla prima pagina.

Uno strumento essenziale e innovativo dei text editor è la funzione di **controllo ortografico**, che permette di scansionare il testo per rivelarne errori ortografici e stilistici da correggere (o inserire sinonimi). Per attivare il controllo ortografico del testo, bisogna cliccare sulla voce *'revisione'* del menù e cliccare sul bottone *'controllo ortografico'*. Word offre anche la possibilità di inserire **note a piè di pagina**, ossia porzioni di testo da porre in basso nella pagina alle quali si rimanda dal testo principale solitamente mediante un numero posto in apice. Per attivarla, bisogna cliccare sulla voce *'riferimenti'* del menù e cliccare sul bottone *'inserisci nota a piè di pagina'*.

Un elemento la cui gestione risulta enormemente più facile con i text editor è la tabella. Una tabella è molto utile se si devono organizzare molte e articolate informazioni e disporle in modo articolato. Tali informazioni possono essere numeri, testi, parole, ma anche immagini. È opportuno inserire una tabella fra due capoversi in modo da avere a disposizione dello spazio prima e dopo di essa, in quanto può non essere facile ricavarlo una volta che la tabella è stata creata e inserita. Per inserire una tabella (vd. Fig. 20) si può cliccare sul voce *'inserisci'* del menù della barra degli strumenti di Word e poi cliccare sul bottone *'tabella'*.

Fig. 20. Inserisci Tabella

A questo punto dobbiamo scegliere il numero di colonne e righe della tabella. Ovviamente questa scelta non è definitiva e una volta inserita una tabella si possono modificare alcuni di questi aspetti (aggiungere righe o colonne, modificare le proprietà di righe o colonne, inserire o eliminare bordi e sfondi, ecc.).

Word permette inoltre di arricchire il testo con altri elementi, come forme (frecce, diagrammi, etc.), disporre il testo in colonne, inserire grafici etc. Rimandiamo la trattazione di tutte le funzione di Word a manuali specialistici e terminiamo qui questa rassegna delle principali funzioni di un text editor.

3. Il foglio di calcolo: Excel

I fogli di calcolo sono applicazioni che consento di automatizzare molti dei processi connessi alla creazione di budget, gestione dei conti, esecuzione di calcoli matematici e conversione di dati numerici in grafici e diagrammi. Le informazioni vengono inserite e salvate su una tabella, dove i valori sono disposti una griglia composta da righe (orizzontali, normalmente indicate da numeri arabi) e colonne (verticali, normalmente indicate da lettere maiuscole dell'alfabeto) e tale che ciascun valore viene memorizzato in una 'cella', che rappresenta l'intersezione di una riga e una colonna. La posizione nella riga e nella colonna definiscono univocamente una cella (vd. Fig. 21).

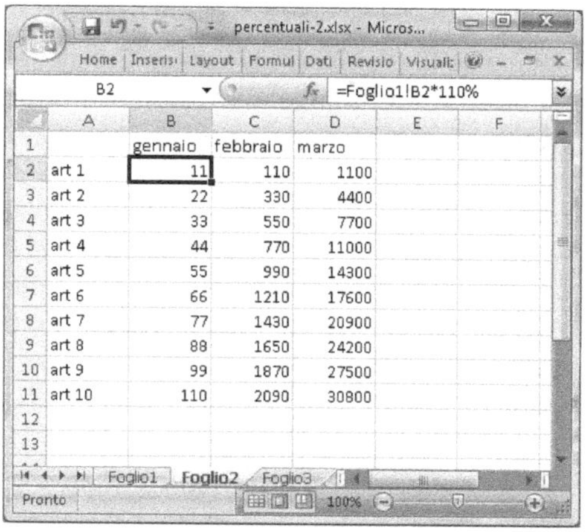

Fig. 21. Righe e colonne di un foglio Excel

Una volta che abbiamo inserito nella tabella i valori desiderati (cifre, date, nomi, cognomi, etc.), possiamo effettuare una grande classe di operazioni su di essi per ottenere informazioni, come calcolare medie, trasporre dati, concatenarli, fare somme, etc. **Per poter effettuare qualsiasi operazione o calcolo sui dati inseriti è necessario premettere alla funzione/operazione il simbolo uguale, '=', che è il comando che in Excel segnala l'inizio di una operazione su dati** (p. es. =SOMMA(A1:A5) significa che Excel farà la somma dei valori contenuti dalle celle). Spiegherò ora alcune tra le più importanti e comuni di queste operazioni. Innanzitutto è buon norma impratichirsi con l'uso dei fogli di lavoro.

Ogni volta che apriamo Excel, appare una cartella con tre fogli di lavoro denominati 'Foglio1', 'Foglio2', 'Foglio3'. Per attribuire un nome più descrittivo a uno di tali fogli, per esempio "Uscite mensili", bisogna cliccare con il tasto destro del mouse su Foglio1, dunque nel menù che appare clicchiamo su Rinomina (a questo punto il menù scompare e la scheda Foglio1 appare evidenziata e pronta per scriverci sopra il nome desiderato). Ora scriviamo '*Uscite mensili*' e il foglio è ridenominato. Se invece si vuole eliminare un foglio di lavoro, è sufficiente cliccare con il tasto destro sul foglio da eliminare e sul menù che compare cliccare su "Elimina" (confermando 'OK').

Un operazione molto utile che è bene conoscere è la funzione di **collegamento tra i dati di diversi fogli di lavoro**. Si supponga a tal fine di avere due fogli di lavoro (denominati '*Entrate*' e '*Uscite*'). Se nel foglio Entrate vogliamo inserire i dati contenuti, p.es., nella cella c3 di Uscite bisogna innanzitutto andare sul foglio Entrate e cliccare nella cella dove si vuole far apparire i dati suddetti, e digitiamo = (il segno uguale). A questo punto clicchiamo con il **tasto destro** sulla scheda Uscite e poi sulla cella c3: Excel digiterà automaticamente il riferimento di cella nella barra della formula. Ora possiamo operare su questa cella con varie funzioni, ad esempio possiamo mettere nella barra della formula il segno '-' e poi cliccare su un'altra cella a piacimento per aver la differenza dei valori contenuti nelle celle selezionate.

Bisogna inoltre tenere a mente che l'**ordine dei valori** di una formula è determinante per il risultato finale del calcolo. Dopo il segno di uguale (=) le formule vengono calcolate secondo il seguente ordine: i calcoli vengono eseguiti da sinistra a destra, in base all'ordine di precedenza degli operatori rappresentata nella Fig. 22.

OPERATORE	DESCRIZIONE
: (due punti) (spazio singolo) ; (punto e virgola)	Operatori di riferimento
–	Negazione
%	Percentuale
^	Elevamento a potenza
* e /	Moltiplicazione e divisione
+ e –	Addizione e sottrazione
&	Concatenazione di stringhe
= <> <= >= <>	Confronto

Fig. 22. Ordine (decrescente) di precedenza degli operatori

È possibile modificare l'ordine di precedenza di calcolo utilizzando le parentesi per delimitare i calcoli che si desidera vengano eseguiti per primi. Quindi la formula =3+2*3 dà il risultato **9** perché la moltiplicazione, come da Fig. z) viene effettuata prima dell'addizione. La formula prima moltiplica **2 per 3**, quindi addiziona 3 al risultato. Se inseriamo le parentesi nel modo seguente, =(3+2)*3, otteniamo come risultato finale **15**.

Excel permette di semplificare enormemente calcoli e funzioni piuttosto comuni. Ad esempio per calcolare la **media aritmetica** tra i numeri inseriti in un gruppo di celle, è sufficiente selezionare la cella in cui si vuole far appaia la media e scriviamo =**MEDIA**(e tenendo premuto il tasto '*Ctrl*' si clicca su tutte le celle con i valori di si vuole avere la media. Dopo averle selezionate tutte chiudiamo la formula scrivendo la parentesi '**)**' e premendo invio.

Un operatore che si rivela spesso utile è quello detto di **concatenamento**, espresso con il simbolo '**&**'. Ecco come funziona: se abbiamo inserito in due colonne distinte valori che vogliamo invece far comparire nella stessa cella uno dopo l'altro (ad esempio nomi e cognomi), selezioniamo la cella in cui concatenare i due valori e scriviamo la formula =a1&" "&b1, dove a1 è la cella di un cognome e b1 la cella di un nome. Otterremo il cognome e nome desiderati in un'unica cella. Se vogliamo cambiare l'ordine ed avere prima il nome e poi il cognome allora la formula è ovviamente =b1&" "&a1.

Se invece si vuole calcolare **la distanza tra due date**, è sufficiente inserire una data in una cella, p. es. A1, poi inserire un'altra data in una seconda cella, p. es. A2, o quindi inserite in una terza cella, diciamo B2, la formula (=A2-A1) o viceversa. La cella B2 deve essere formattata per contenere numeri. Il numero che compare nella cella B2 esprime la distanza in giorni tra le due date.

Un funzione molto importante è quella del '**SE ALLORA**', espressa dal simbolo '**IF**' (se Word è in Italiano, la funzione è '**SE**'). Una funzione 'IF/SE' verificherà la condizione logica di una dichiarazione e fornirà un certo valore se è vero e un altro valore diverso se falsa. La sintassi è:

= SE (condizione; valore-se-vera; valore-se-falso)

Ovviamente il valore restituito può essere sia un numero sia un testo. In questo secondo caso il valore deve essere inserito tra virgolette (""").
Si supponga per esempio di avere la seguente tabella.

1	0,95 €
2	1,10 €
3	1,37 €
4	14000
5	8453

Utilizzando la funzione SE possiamo interrogare i dati per farci avere alcune informazioni su di essi. Per esempio se vogliamo sapere se il prezzo è inferiore o superiore al dollaro, basta implementare nella cella desiderata = SE (A1> 1, "Sì", "No"), e comparirà la risposta sì o no alla domanda. Quindi per A1 sarà la riposta sarà 'no', per A2 sarà 'sì', etc.

Inoltre è possibile costruire condizioni più articolate mediante il cosiddetto annidamento della funzione 'SE'. Al fine di illustrate come

funziona l'annidamento, si consideri di voler implementare una
funzione che assegni delle voti in base al punteggio conseguito da una
classe di allievi in una prova scritta (vd. Fig 23.).

	A	B	C	D	E	F
1	Cognome	Nome	Risp. Giuste	% corrette	Voto	Note
2	Aloisio	Francesco	14	93,33	30	
3	Andreucci	Diego	10	66,67	28	*
4	Anzuini	Lorenzo	9	60,00	27	*
5	Avigliano	Luigi	10	66,67	28	
6	Bellini	Andrea	14	93,33	30	
7	Benincampi	Lavinia	13	86,67	29	
8	Beretta Anguissola	Marianna	13	86,67	29	
9	Bisconti Lucidi	Piercosma	14	93,33	30	
10	Bosich	Gabriele	14	93,33	30	
11	Bottone	Giacomo	12	80,00	29	
12	Bova	Davide	13	86,67	29	
13	Brizzolari Scrocco	Flavio	13	86,67	29	
14	Catini	Marika	11	73,33	28	*
15	Chiarucci	Damiano	14	93,33	30	
16	Ciancullo	Livia	11	73,33	28	
17	Congiu	Federica	10	66,67	28	*
18	Di Cesare	Antonio	7	46,67	26	
19	Di Piramo	Chiara	12	80,00	29	
20	Ercolani	Gianmarco	12	80,00	29	
21	Fedeli	Andrea	14	93,33	30	
22	Filotrani	Pierpaolo	10	66,67	28	*
23	Fontana	Beatrice	14	93,33	30	
24	Fontera	Lucia	10	66,67	28	
25	Galuppi	Giorgia	11	73,33	28	*
26	Gatti	Giulio	13	86,67	29	
27	Gentili	Alessandro	12	80,00	29	*
28	Giachetti	Fulvia	13	86,67	29	
29	Gianfelici	Nicolò Giuseppe	10	66,67	28	*
30	Ginestra	Giulio	13	86,67	29	*
31	Girardi	Edoardo	13	86,67	29	*
32						
33	<= 5		25			
34	<= 7		26			
35	<= 9		27			
36	<= 11		28			
37	<= 13		29			
38	>= 14		30			
39						

Fig. 23. Tabella con esiti degli esami

Nel foglio sono riportati i nomi degli allievi e un punteggio da 1 a 15.
Nella parte inferiore del foglio ci sono i valori di soglia che verranno

utilizzati per ottenere il risultato desiderato, ossia una valutazione in trentesimi.

Nella cella E2 inseriremo dunque la funzione:

=SE(C2<=5;25;SE(C2<=7;26;SE(C2<=9;27;SE(C2<=11;28;SE(C2<=13;29; SE(C2>=14;30))))))

Questa funzione è tale da mettere a confronto il valore della cella C2 con il valore che attribuisce il voto 25 (ossia ≤ 5 risposte giuste). Se il confronto risulta vero, la funzione scriverà '25', altrimenti, ossia nel caso in cui il test risulti falso, si ripete il test per verificare il successivo valore di soglia 26, e così via fino ad arrivare a 30/30. Bisogna **notare bene come sia assente il segno di uguale** per la funzione nidificata poiché in una funzione si può inserire uno solo '='. Come potete osservare nella funzione fanno eccezione gli operatori logici >= (maggiore o uguale) e <= (minore o uguale), che non interferiscono con il simbolo di inizio funzione. A partire dalla versione 2007 di Excel è possibile **nidificare fino a 64 funzioni**. In questo modo gli scenari di controllo possono essere molto articolati e analitici. Nell'impostare la funzione di controllo, bisogna fare particolare attenzione (1) a che ogni parentesi tonda aperta sia chiusa alla fine della funzione, (2) che l'ultima funzione sia quella che chiude il ciclo di test, (3) alla scelta nell'uso di <= o >=, che dipende dall'utente. Infatti in questo terzo ed ultimo caso la scelta, pur arbitraria, di utilizzare l'operatore minore o uguale (<=) nella funzione, ha come effetto di costringe a verificare i valori partendo dal più basso, cioè 25 nell'esempio proposto. Il primo test verifica se il punteggio corrisponde ad un numero compreso tra 0 e 5. Il secondo verifica se il valore sia compreso tra 6 e 7, etc. Lo stesso risultato si può ottenere utilizzando l'operatore >=, ma la direzione della funzione deve essere invertita, cominciando la verifica dalla soglia più alta. In altre parole la funzione sarà **=SE(C2>14;30;SE(C2>=12;29; etc.))))))**. Ovviamente il risultato non cambia.

Un'altra funzione utile è quella che consente l'**ordinamento dati** secondo certi criteri. Per far ciò per prima cosa bisogna selezionare tutte le celle nella nostra tabella, **incluse le intestazioni delle colonne**. Nell'esempio che proponiamo si vuole ordinare un elenco di nominativi con i connessi dati. Ora bisogna andare nella sezione **Dati**, quindi clicchiamo sull'icona **Ordina**, che apre la relativa finestra di dialogo (vd. Fig. 24).

41

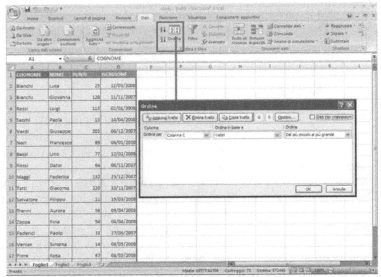

Fig. 24. Funzione 'Ordina'

Da questa finestra possiamo scegliere i criteri secondo cui ordinare i dati. E' importante verificare che sia abilitata la casella di controllo '**Dati con intestazioni**' (vd. circoletto rosso nella Fig. 25), in quanto così la prima riga di ogni colonna non è considerata come intestazione e dunque non viene ordinata insieme alle altre. In questo esempio se si desidera ordinare i nominativi in base ai punti che hanno, dal più alto al più basso, bisogna indicare nella prima casella l'intestazione di colonna *PUNTI*, nella seconda casella il tipo di dato da ordinare, in questo caso *Valori*, e infine il criterio scelto, ovvero '*Dal più grande al più piccolo*'. Ricordarsi di confermare il tutto cliccando su **OK.**

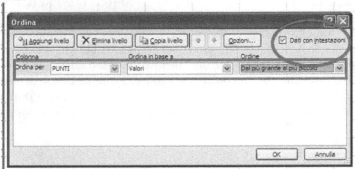

Fig. 25. Funzione Ordina

A questo punto otterremo il risultato desiderato: nominativi in ordine decrescente in base al numero di punti posseduto da ognuno.

Se ora provassimo ad effettuare un'altra selezione attivando la solo colonna '*Cognome*' e aprendo la finestra '*Ordina*', ci troveremmo difronte ad un piccolo problema: Excel è infatti in gradi di rilevare che vi sono altre informazioni correlate al cognome (nome, punti, etc.) pertanto prima di procedere ci viene chiesto se intendiamo estendere la selezione a tutte le colonne. Infatti nel caso in cui si continuasse con la selezione solo dei cognomi, verrebbero riordinati solo questi ultimi, generando un vero caos tra i dati. **Verificare che tutte le colonne siano state selezionate prima di procedere con un ordinamento è dunque cruciale.**

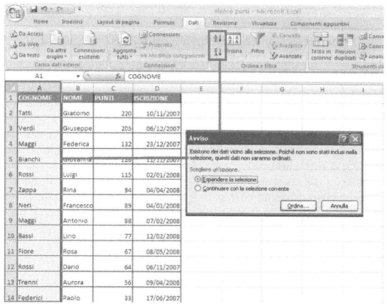

Fig. 26. Funzione Ordina

Come potrete facilmente osservare sulla barra degli strumenti, nel gruppo '*Ordina e filtra*' troviamo due icone che raffigurano una A, una Z ed una freccia verso il basso (vd. quadrato rosso nella Fig. 26). Si tratta dei comandi per ordinare automaticamente in modo crescente o decrescente i dati selezionati. Per attivate questo comando basta selezionare tutte le colonne e cliccare sulla prima icona (**Ordina dalla A alla Z**). Questo comando pone in ordine crescente (o alfabetico se si tratta di campi testuali e non numerici) tutti i record selezionati, in base ai valori della prima colonna disponibile.

Concludo questa breve rassegna di alcune delle funzioni principali di Excel richiamando alcune operazione che è bene conoscere sui fogli di lavoro in generale.

Per prima cosa è possibile proteggere un foglio di lavoro e nasconderne le formule. Infatti Excel offre tale possibilità mediante questi semplici passaggi:

- Selezionare sul foglio di lavoro tulle le celle contenti formule.
- Cliccare col tasto destro del mouse e sul menù a discesa selezionare *'Formato celle'*. Se vogliamo rendere il foglio inattaccabile, ossia tale da poter essere solo letto, allora spuntiamo tutte e due le caselline Bloccata e Nascosta, e completiamo la procedura come sopra descritto.
- Nella finestra appena aperta clicchiamo su *'Protezione'* e spuntiamo la casella *'Nascosta'*.
- Dal menù *File* scegliamo *Informazione* e poi selezioniamo *Protezione*, inseriamo una password. Riconfermiamo la password e avremo nascosto le formule e protetto il nostro lavoro.

E' inoltre possibile **inserire commenti** nei fogli di lavoro, ossia una nota descrittiva che accompagna e chiarifica i dati di una cella. Excel mette a disposizione l'opzione *inserisci commento*. Per attivarla è sufficiente cliccare sulla cella con il tasto desto del mouse, e nel menù a discesa che si apre selezionare *'inserire commento'*. Si apre una finestra nella quale inseriamo appunto il nostro commento e una volta completato facciamo click al di fuori della casellina di commento. Nella cella rimarrà ora un triangolino rosso a segnalare che in esse è presente un commento.

4
Database

1. Definizione

Con il termine *database* (base di dati, abbreviato con DB) si designa l'insieme dei dati utilizzati in uno specifico sistema informativo (che può essere di natura aziendale, amministrativa, scientifica etc.). Dunque con questo termine non si intende semplicemente una tabella di dati, come spesso erroneamente si sostiene, ma **un archivio dati**, o più correttamente **un insieme di archivi** (ossia **più tabelle**), nel quale i dati in essi contenuti sono strutturati e collegati tra loro in base a uno specifico modello logico. Pertanto le tabelle non sono isolate e chiuse, ma sono in relazione tra loro, cioè i dati di una tabella riguardano, o possono riguardare, anche i dati delle altre. I database, che sono sia enti fisici sia logici, sono ideati per consentire la gestione e organizzazione efficiente dei dati e la loro interrogazione e manipolazione mediante richieste (*query*) dell'utente. Per far ciò esistono i cosiddetti *query language* che funzionano grazie ad applicazioni software dedicate, note come Data Base Management Systems (DBMS).

Un database è un dispositivo volto a rappresentare e catturare i diversi aspetti di una certa realtà, ossia dati veri e propri e anche le relazioni tra essi, ovvero le connessioni logiche presenti tra le varie categorie in cui questi dato possono essere raggruppati (p. es. nel caso del database di una biblioteca deve essere rappresentata l'associazione che lega un autore ai propri libri e viceversa). Le informazioni contenute in un database sono classificabili in due categorie: i dati e i metadati.

I *metadati* fissano la struttura database, le caratteristiche comuni delle varie categorie di dati, quali i nomi e i tipi dei valori delle proprietà, le definizioni che descrivono la struttura dei dati, le restrizioni sui valori ammissibili dei dati (i cosiddetti *vincoli di integrità*), le relazioni vigenti tra gli insiemi e alcune operazioni effettuabili sui dati: quali informazioni vanno memorizzate, come memorizzarle (p. es. utilizzando dei moduli da compilare), se e come cancellare i dati, come fare le ricerche sui dati. La struttura va impostata prima di creare i dati ed è indipendente dalle applicazioni che usano il database (l'impostazione della struttura è indipendente da Access).

I *dati* fissano le informazioni in senso stretto memorizzate sull'archivio, e rappresentano le entità del sistema da modellare. Le proprietà di tali entità sono descritte in termini di valori (di tipo numerico, alfanumerico ecc.). I dati, inoltre, sono raggruppati o classificati in categorie in base alla loro struttura comune (per esempio autori, libri).

Uno degli esempi per illustrare la differenza tra dati e metadati più comuni in letteratura è quello degli studenti e degli esiti degli esami (vd. Fig. 27), ossia un archivio che memorizza informazioni di studenti ed esiti di esami universitari.

Esami

Studente	Voto	Lode	Corso
276545	28	e lode	01
276545	32		02
788854	23		03
200768	30	e lode	03

Studenti

Matricola	Cognome	Nome	Nascita
276545	Rossi	Maria	23/04/1968
276545	Neri	Anna	23/04/1972
788854	Verdi	Fabio	12/02/1972

Fig. 27. Esempio di Database

I due insiemi di informazioni rilevanti per il database, ossia gli studenti e gli esami, sono considerati come tabelle con un numero di colonne pari a quanti sono i valori rilevanti. In particolare, degli studenti si vuole memorizzare il numero di matricola, il cognome, il nome, l'anno di nascita. Degli esami si vuole memorizzare quelli superati, cioè i voti registrati dagli studenti (quindi la matricola dello studenti, il voto registrato, eventuale lode, il corso d'esame).

I metadati di questo esempio sono:

a) le due collezioni di interesse (studenti ed esami).

b) La struttura degli elementi di queste due collezioni, ossia il fatto che ogni studente ha una matricola che lo contraddistingue, un nome, un cognome, un anno di nascita; che ogni esame ha una materia, la matricola dello studente e il voto;

c) la relazione di corrispondenza tra esami e studenti (ossia il fatto che ad ogni esame corrisponde uno studente con la matricola specificata, e ad ogni studente corrispondono o uno, o nessuno, o più esami).

I dati di questo esempio sono semplicemente le righe delle tabelle.

Nel tentativo di rappresentare e catturare i diversi aspetti un una certa realtà un database deve inoltre sodisfare certi requisiti. I principali sono:

- **non-ridondanza** (o ridondanza minima), secondo cui i dati devono essere organizzati non essere inutilmente duplicati. Questa condizione risponde alla esigenza di ridurre al minimo sia l'utilizzo non necessario di risorse di memorizzazione, sia l'onere di gestione di copie multiple.

- **utilizzo simultaneo**, secondo cui i dati devono poter essere utilizzabili contemporaneamente da più utenti. Nel far questo bisogna evitare l'eventualità in cui ogni utente lavori su una propria copia dei dati: deve esistere un'unica versione dei dati, cui tutti gli utenti possano accedere. Inoltre, sono necessarie tecniche che permettano di evitare che l'attività dei vari utenti produca conflitti e ostacoli per l'uso contemporaneo degli stessi dati.

- **permanenza**, secondo cui i dati devono essere permanenti. Ciò implica sia l'utilizzo di memorie di massa, sia l'uso di tecniche che preservino l'insieme dei dati in caso di malfunzionamento di un qualsiasi componente del sistema.

2. Modelli logici di rappresentazione dei dati

Esistono diversi modi in cui i dati di un archivio, ossia un insieme di tabelle, possono essere strutturati e collegati tra loro. Nel corso dello sviluppo dell'informatica sono stati prodotti diversi modelli logici per gestire questo compito. I principali modelli logici sono:

- Gerarchico.
- Reticolare.
- a Oggetti.
- Relazionale.

Il modello gerarchico (vd. Fig 28), che è il primo in odine di tempo ad essere stato proposto, è tale che i dati sono organizzati in record strutturati secondo strutture ad albero. In particolare ogni record del database, eccetto la radice dell'albero, deve avere uno e un solo nodo padre. Questo modello presenta due debolezze:
1) possono esistere due record, su alberi diversi, che rappresentano la stessa informazione e dunque ci possono essere problemi di ridondanza,
2) non è possibile memorizzare informazioni che non hanno padre.
3) la cancellazione di un record dal database comporta l'eliminazione a cascata di tutti i record dipendenti da esso nella gerarchia.

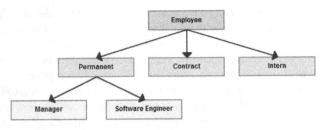

Fig. 28. Esempio di modello gerarchico

Il modello reticolare lega tra loro i record mediante strutture ad anello (puntatori) che permettono all' utente di accedere ai dati (più facilmente della struttura gerarchica). Da qualsiasi nodo si può raggiungere un determinato campo in quanto ammette più record padre. Questo evitare i problemi di ridondanza.

Il modello a oggetti (o base di dati orientata agli oggetti o database a oggetti-in sigla ODBMS, **Object Database Management System**) è tale che l'informazione è rappresentata in forma di oggetti come nei linguaggi di programmazione ad oggetti.

Il modello relazionale è attualmente quello più comune. Esso è tale che i dati sono organizzati in tabelle che rappresentano sia gli enti, sia le relazioni tra essi (abbiamo dunque esistono tabelle di enti e tabelle di relazioni). La principale differenza con gli altri modelli è che non c'è alcuna procedura esplicita per rappresentare i legami logici tra i diversi tipi di record. Quindi la modifica di un dato o di un legame tra dati comporta la manipolazione di un solo record di una tabella. Tale modello ha il vantaggio di consentire l'indipendenza logica (ossia modificare le strutture senza dover modificare i programmi). In più è possibile modificare le strutture a DB aperto, con gli utenti collegati.

Proposto da Edgar F. Codd nel 1970 per semplificare la scrittura di interrogazioni sui database e per favorire l'indipendenza dei dati, il modello relazionale si basa sull'assunto che tutti i dati sono rappresentati come **relazioni** e manipolati mediante operatori dell'algebra relazionale o del calcolo relazionale (da cui il nome).

3. DBMS

Il termine DBMS designa l'acronimo di **DATABASE MANAGEMENT SYSTEM**, che è niente altro che un programma che consente di definire le strutture degli archivi. In particolare permette:

1. di definire le strutture per la memorizzazione e l'accesso ai dati,

2. di memorizzare, recuperare e modificare i dati, rispettando i vincoli definiti nello schema.

Un DBMS permette dunque di creare la base di dati e di utilizzarla per la gestione delle informazioni, ossia per inserire dati, ordinarle, fare ricerche e per ogni altra operazione necessaria.

4. Access

Uno dei più noti DBMS è Access, del pacchetto software Office di Microsoft. In particolare Access è un RDBMS, cioè un RELATIONAL DATABASE MANAGEMENT SYSTEM, ossia un sistema di gestione di database relazionali.

Con Access si possono quindi creare le tabelle, le relazioni tra le tabelle e qualsiasi altro strumento sia necessario per la vita dell'archivio. Per esempio oltre alle tabelle servono dei "moduli" da compilare per inserire i dati, si devono creare, servono delle "finestre" per cercare i dati, si devono creare, servono le stampe delle informazioni, si devono creare.

Un database di Access consta per lo più dei seguenti oggetti.

- Le tabelle (i.e. insiemi omogenei di dati).
- le query (i.e. interrogazioni sui dati, necessarie per le ricerche)
- le maschere (i.e. moduli per inserire, cercare e modificare i dati)
- le macro (i.e. insieme di comandi)
- i report (i.e. moduli su insiemi di dati per la stampa)
- i moduli, ossia funzioni scritte nel linguaggio di programmazione VBA, Visual Basic for Application, non indispensabili per archivi di medio piccole dimensioni.

Da ciò segue che le principali funzioni di Access sono:

- il collegamento di tabelle, l'estrazione di dati, ossia collegare le tabelle secondo relazioni stabilite tra i dati, estrazione dei dati tramite le query.
- l'immissione e l'aggiornamento dei dati--tramite le maschere.
- la presentazione dei dati--creare report per la stampa.

Riepilogando, gli elementi principali di un database sono dunque:

- le tabelle, che contengono tutti i dati del database. Sono strutturate in righe e colonne—come un foglio elettronico e sono poste in relazioni tra loro.

- le maschere, che agevolano l'inserimento dei dati in una o in più tabelle. Consentono di inserire dei controlli o addirittura di visualizzare dei risultati ottenuti lavorando sui valori.

- i Report, che consentono di stampare i dati presenti database secondo una certa struttura.

- le Query, ossia interrogazioni che permettono di estrarre dei dati dal database secondo certi criteri. Le più comuni sono le query di selezione, ossia quelle che estraggono solo alcuni dati, che possono eventualmente essere posti in relazione con altre tabelle.

Nei paragrafi che seguono fornirò maggiori dettagli su questi elementi.

4.1. Creazione di una nuova tabella

Dopo aver avviato Access e scelto di creare un database vuoto, è necessario indicare la posizione sul disco rigido in cui salvare il database e attribuirgli un nome. A questo punto compare una tabella a cui si può attribuire un nome, che va impostata valorizzando i seguenti campi:

- l'*ID,*
- il *Nome Campo*, che identifica il campo.
- il *Tipo Dati*: sono il tipo di informazioni contenute.
- la *Descrizione*, che è opzionale e permette di fornire una descrizione più completa circa il contenuto e il significato del campo.

Inoltre ogni tabella deve contenere un campo che consenta di identificare ogni dato in un modo univoco. Questo campo viene definito *chiave primaria*. Ogni tabella può includere una sola chiave primaria. Una chiave primaria è un campo o un set di campi con valori univoci all'interno di una tabella. È possibile utilizzare i valori della chiave per fare riferimento a interi record poiché il valore della chiave è diverso per ogni record.
    Per impostare la chiave primaria di una tabella, aprire la tabella nella visualizzazione Struttura. Selezionare il campo o i campi da utilizzare e quindi sulla barra multifunzione fare clic su **Chiave primaria**. A questo punto sulla sinistra del campo compare una piccola chiave.

Prima di passare all'inserimento dei dati conviene verificare che la tabella soddisfi il nostro progetto. Apportare delle modifiche a una tabella con dati inseriti può portare spiacevoli conseguenze e bisogna porre attenzione a due aspetti in particolare: quando si cambia un Campo Testo in Campo Numerico, tutte le lettere saranno eliminate e rimarranno solo i numeri; se si procede ad una riduzione della dimensione di un campo numerico, i dati che oltrepassano la nuova dimensione saranno tagliati.

Quando si vuole modificare una tabella conviene sempre lavorare in visualizzazione struttura. Per inserire una nuovo è sufficiente porsi dopo l'ultimo campo presente in tabella. Nel caso in cui il nuovo campo deve essere inserito sopra a uno esistente basta fare cliccare sul campo esistente con il tasto destro del mouse e scegliere ***Inserisci righe***. La nuova riga verrà inserita sopra al campo esistente

Invece per eliminare un campo basta cliccare sul campo da eliminare con il tasto destro del mouse e selezionare ***Elimina righe*** (e confermare l'eliminazione).

4.2. Inserimento dei dati

Quando la struttura della tabella è stata generata è possibile inserire i dati attraverso la visualizzazione Foglio dati. Durante l'inserimento dei dati, Access inserisce automaticamente le righe nuove e ci si può spostare da un campo all'altro utilizzando il tasto TAB. Inoltre nel caso in cui il campo chiave è di tipo *contatore*, Access lo incrementerà automaticamente.

Nella fase di visualizzazione dei dati sono costantemente presenti i tre seguenti indicatori:

▶   , che segnala il record in uso.

✳   , che segnala un nuovo record.

Record ⏮ ◀ | ⸏ ▶ |▶| ▶✳| di 4, che si trova in fondo alla finestra di Access e mostra i pulsanti per navigare velocemente tra i record.

Il salvataggio di un qualsiasi record avviene in modo automatico, e qualsiasi modifica viene automaticamente salvata da Access. Per eliminare invece un record è necessario selezionare il record da eliminare, premere il tasto **Canc (oppure cliccare ✖)** e poi confermare l'operazione. E' essenziale ricordare che contrariamente a quanto avviene con altri programmi di Office, l'eliminazione di un record non può essere revocata, ossia **i record eliminati non possono essere recuperati con il tasto 'annulla' (o premendo CTRL + Z).**

Una volta che i dati sono stati inseriti possiamo compiere alcune ricorrenti operazioni in modo abbastanza semplice. Per esempio è possibile cercare dati o parti dati inserendo la stringa desiderata nel campo cerca in fondo alla finestra. Oppure è possibile sostituire stringhe mediante il pulsante *sostituisci* dal menù *home*. O ancora è possibile ordinare i dati, p. es. cliccando sull'icona *crescente* o *decrescente* nel menù *home,* dopo aver selezionato la colonna (il campo) in base al quale effettuare l'ordinamento.

4.3. Le Maschere

L'inserimento dei dati direttamente in tabella non è una operazione agevole, soprattutto quando il numero dei dati e dei record cresce oltre certe soglie, ed è per questo motivo che in Access sono state ideate le cosiddette *maschere.* Esse infatti consentono, mediante una interfaccia grafica più semplice e amichevole, di effettuare controlli sui dati immessi, visualizzare i dati procedendo un record alla volta, visualizzare l'intero campo (nel caso in cui i campi della tabella sono molti, si rischia di vedere solo i dati troncati).
In particolare Access fornisce l'utente di tre principali dispositivi per creare le maschere:

- maschera standard, che è una opzione rapida per immettere i dati in tutti i campi della tabella.
- la creazione guidata, che è un'opzione che permette di personalizzare la maschera utilizzando un'impostazione costruita automaticamente in base ai campi della tabella.
- visualizzazione struttura, opzione che consente di intervenire su tutti gli elementi della tabella.

Per creare una *maschera standard* è sufficiente selezionare nel database la tabella per la quale volgiamo generare la maschera e cliccare il pulsante maschera da menù crea. Access creerà automaticamente una maschera per la tabella che avrà tante finestre quanti sono i campi presenti in ogni record della tabella. Ogni finestra è dotata di un'etichetta che ricalca quello del nome del campo. Tuttavia questa maschera però non consente di nascondere alcuni campi e visualizza i record uno ad uno.
Per creare una maschere nella modalità guidata, basta selezionare la tabella e cliccare sul pulsante *creazione guidata maschera* da menù *crea.* A questo punto si apre una finestra nella quale è possibile spostare sulla destra i campi che si vuole visualizzare. Il bottone `>` sposta un solo campo mentre il bottone `>>` li sposta tutti. Dopo aver selezionato

i campi si prosegue con *Avanti* per passare alla scelta di tipo di Layout e quindi si assegna un nome alla maschera appena creata.

Con l'opzione struttura maschera (che si attiva sempre da menù crea di Access) è possibile cambiare tutti i parametri della maschera: formattazione carattere, allineamento dei campi, ecc. In particolare gli elementi che formano una maschera sono l'*intestazione maschera*, che può contenere il titolo, il logo ecc., *il corpo*m che contiene i vari campi, e *il piè di pagina*, che può contenere il numero di pagina ed eventuali totali,

4.4. Le query

Con il termine query, che in Italiano viene resa con il termine interrogazione, si designa una visualizzazione dei dati, contenuti su una o più tabelle del database, che sono stati filtrati o aggregati secondo certi criteri specificati dall'utente. La query è dunque il risultato di una domanda posta al database. Esistono due tipi di query:

- di **dettaglio**, nella quale vengono visualizzati tutti i campi di tutti i record.

- di **riepilogo**, che consente di effettuare calcoli sui campi numerici (somma, media, minimo, massimo) oppure di scegliere raggruppamenti di date.

Anche in questo caso Access semplifica la costruzione di entrambi i tipi di query mediante la *creazione guidata*.

Per creare una query di dettaglio (vd. Fig. 29) attraverso la *creazione guidata* bisogna selezionare la tabella per la quale si vuole generare la query, cliccare sul pulsante '*creazione guidata query*' dal menù *crea* quindi nella finestra che si apre spostare sulla destra i campi che si vuole visualizzare. Quindi bisogna proseguire e scegliere se generare una query di dettaglio o di riepilogo. In questo caso selezionare *dettaglio*.

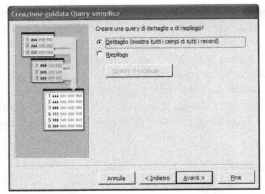

Fig. 29. Creazione query di dettaglio

Si può ovviamente anche attribuire un nome alla query (spesso il nome è preceduto da una Q per permette di distinguerle dalle tabelle). Fatto questo possibile visualizzare il risultato dei dati raccolti.

Per creare una query di riepilogo (vd. Fig. 30) attraverso la *creazione guidata* bisogna effettuare gli stessi primi due passaggi di prima, scegliere quindi *query di riepilogo*, e poi cliccare su *opzioni* per definire le operazioni da compiere sui record dei vari campi selezionati.

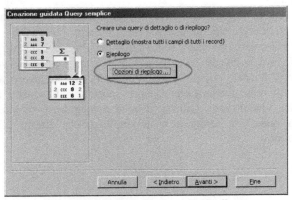

Fig. 30. Creazione di query di riepilogo

Si sceglie il tipo di risultato che si vuole ottenere: somma, media, minimo, massimo, o solo il conteggio dei record. Si può quindi dare un nome alla query e fare click su Fine.

Mediante Access è inoltre possibile sottoporre i dati dei database ad analisi. Tali analisi possono essere decisive per ricavare informazioni dai dati presenti nelle nostre tabelle. Un caso particolarmente comune è quello di tabelle contenti inefficienze, ossia ripetizioni dello stesso dato

(p. es. il nome di un prodotto viene ripetuto più volte). In questo caso infatti se il nome di un prodotto dovesse cambiare, occorre cercare tutti i record con lo stesso nome e sostituirlo, e si possono creare errori (p. es. 'Pallone', 'palloni', 'pallone'). Ciò produce anche come effetto un inutile occupazione di spazio.

Lo strumento *analisi tabella* (dal menù *strumenti database*) consente di creare tabelle secondarie collegate alla prima e di generare automaticamente una query per semplificare la selezione dei dati.

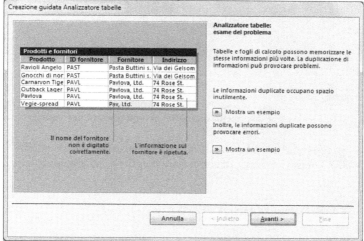

Fig. 31. Analizza tabella

Quando compare la seguente finestra (vd. Fig. 31) fare click su Avanti e scegliere la tabella da analizzare.

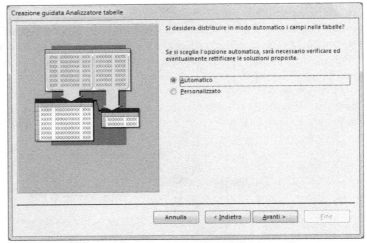

Fig. 32. Scelta di analisi personalizzata/automatica

Si consiglia di scegliere il sistema *personalizzato* di analisi (vd. Fig. 32). Questo consente di controllare meglio la generazione delle tabelle.

4.5. Relazioni ed esempi di query

Quando si lavora con un database di gradi dimensioni è conveniente visualizzare tutte le tabelle che lo costituiscono e le relazioni che vigono tra i vari dati. Per effettuare la visualizzazione si fa click sul bottone *relazioni* dal menu *strumenti database*. Si decide quali tabelle aggiungere e quindi su ottiene il risultati mostrato in Fig. 33.

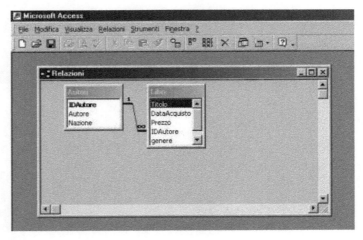

Fig. 33. Relazioni visualizzate con Access

Come si può osservare nella Fig. esiste un collegamento tra la tabella Autori e Libri: questo collegamento si chiama relazione. Il simbolo che lega le due tabelle esprime il fatto che più record nella tabella Libri hanno un'unica corrispondenza in un record della tabella Autori. Questi campi contengono semplicemente dei numeri e sono stati generati automaticamente attraverso lo strumento di analisi delle tabelle.

A questo punto siamo in grado di apprezzare un esempio di interrogazione (query) su un database. Supponiamo di avere due tabelle circa certi prodotti è di voler ricavare la somma dei prezzi per ogni prodotto nel database. Possiamo avvalerci a tal fine della creazione guidata della query, e scegliere sia quella semplice sia quella a campi incrociati (vd. Fig. 34)

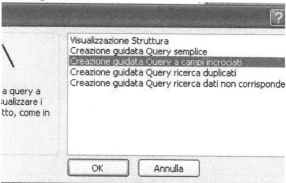

Fig. 34. Creazione query a campi incrociati

Si utilizza, p. es., la tabella *T_Articoli* contenente i record dei veri prodotti, si procede poi a selezionare i campi *T_NomeArticoli_ID* e *Prezzo* e si prosegue cliccando con *Avanti* (Vd. Fig.).

Capitolo 4. Database

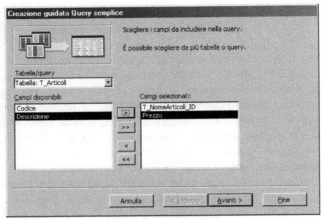

Fig. 35. Scelta dei campi

A questo punto attribuiamo un nome alla query e clicchiamo su *Fine*. Il risultato ottenuto è simile a che è illustrato nella Fig. 36.

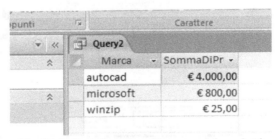

Fig. 36. Esito della query di somma dei prodotti

Possiamo ovviamente fare in modo del tutto analogo query per visualizzare un solo articolo, per estrapolare e visualizzare il prezzo più alto, più basso per ogni articolo, e altre operazioni simili, come effettuare calcoli sui record (p. es. calcolare l'IVA). Ma su questo punto si rimanda ad un manuale di Access, in quanto tale trattazione supera gli intenti di questo libro.

4.6. I report

I report sono uno strumento di Access per generare stampe di qualità e grafici informativi sui dati contenuti in un database. Tramite questa funzione è infatti possibile stampare elenchi, statistiche, grafici, raggruppare i dati con totali parziali scegliendo stili, caratteri, impaginazioni e così via. Access fornisce tre opzioni per generare i report:

58

- **Automatico**, che crea in modo automatico il report, ma offrendo un risultato che necessita sempre di revisioni. E' quindi l'opzione meno efficace.

- **Creazione guidata Report**, che produce un report mediante una serie di domande volte a specificare i criteri della stampa.

- **Struttura Report**, che permette di agire su ogni aspetto del processo di creazione del report, personalizzandolo e precisandolo sempre più.

Per generare un report automatico basta cliccare sul pulsante *Record* dal menù *Crea*. A questo punto il report viene prodotto e può (o meglio deve) essere modificato attivando la *visualizzazione struttura*.

Per generare il report mediante la creazione guidata, bisogna cliccare sul pulsante omonimo dal menù *Crea*, e, come nel caso della creazione delle maschere, passare a scegliere i campi da visualizzare nel report e cliccare *Avanti*. Inoltre nel caso in cui le tabelle siano collegate mediante relazioni, è possibile scegliere vari modi per raggruppare i dati (valori crescenti, valori decrescenti, nome, etc.). Si sceglie il modo o i modi e si va *Avanti*. A questo punto si può selezionare il tipo di layout desiderato (tabulare, verticale, etc.), si va *Avanti*, si sceglie il nome del report e si clicca su *Fine*.

5
Le Reti

1. Definizione

Il termine **rete informatica** designa un insieme di computer indipendenti e collegati tra loro da una sistema fisico e logico di comunicazione in modo che ogni computer possa comunicare e scambiare dati con ogni altro computer della rete. Le reti vengono divise in due classi principali, le **LAN** e le **WAN**.

Una LAN (Local Area Network) è una rete locale, formata per lo più da un numero relativamente piccolo di computer (di norma qualche decina) disposti ad una distanza reciproca ridotta (di norma qualche centinaio di metri). Una LAN viene implementata principalmente nelle sede di una società o un dipartimento al fine di condividere le informazioni presenti su un *server*[2] o dispositivi (p. es. la stampanti laser). Questo permette tra l'altro di abbattere i costi, in quanto il costo necessario a dotare ogni postazione di tutti questi servizi e dispositivi sarebbe molto piò alto.

Una WAN (Wide Area Network), che in italiano potremmo rendere con il termine di "rete geografica" è una rete, un sistema fisico e logico, che collega un gran numero di computer (da qualche centinaio a molti milioni) disposti in luoghi anche molto distanti tra di loro (per es. su diversi continenti). Possono essere o private o pubbliche. Nel primo caso computer e linee che formano la WAN appartengono a una sola società (p. es. enti, banche). Nel secondo caso sono formate da computer e linee di trasmissione non appartenenti a un'unica società (p. es. Internet).

La rivoluzione informatica è legata a doppio filo all'ideazione, lo sviluppo e la diffusione delle reti. Esse offrono infatti una serie di vantaggi che nell'era della società e dell'economia basata sull'informazione sono sempre più centrali. Quella della telematica, termine che designa l'unione di informatica e telecomunicazioni, è infatti una nuova rivoluzione al pari di quella industriale e informatica. Tra i principali vantaggi offerti dalle reti vale la pena menzionare la *velocità nella comunicazione*, la facilità di *teamwork* (lavoro di gruppo), *condivisione* di dispositivi e servizi. Nel primo caso il vantaggio risiede

---

[2] Un *server* è un computer della rete (in genere con caratteristiche migliori degli altri) che è dedicato a svolgere il compito di gestire e mettere a disposizione degli altri computer dati, applicativi o dispositivi condivisi.

nel fatto che se desidero trasportare un documento da un computer ad un altro collegati ad una rete, non ho bisogno di alcun passaggio fisico, ma solo logico, ossia devo inviare il documento attraverso la rete per renderlo disponibile al ricevente. Nel secondo caso, è possibile lavorare insieme allo stesso progetto senza che tutti i componenti e i documenti relativi siano locati nello stesso spazio fisico (un ufficio e un computer). Mediante le e-mail,

video-conferenze, etc. è possibile fare il tutto senza mai muoversi dalla propria sede o casa (telelavoro). Infine mediante la rete è possibile condividere costosi dispositivi, in modo da non renderne necessario l'acquisto di più unità dello stesso. Vale la pena ricordare anche che re reti possono aumentare l'*affidabilità* dei dati e delle informazioni possedute: se infatti gli stessi dati sono locati su più elaboratori, il guasto ad un elaboratore non rende qui dati indisponibili.

Mi occuperò ora di fornire alcuni elementi base del funzionamento delle reti informatiche e del loro impiego, a partire dalla problema centrale che è la trasmissione dati.

2. Trasmissione dei dati

La trasmissione dei dati è ovviamente l'elemento chiave delle reti informatiche, in quanto fornisce il mezzo per connettere i vari calcolatori tra loro e con altre periferiche. Trasmettere i dati richiede sia un supporto fisico (p. es. cavi) sia un supporto logico, ossia un protocollo di comunicazione.

Dal punto di vista fisico, per collegare calcolatori con periferiche e altri calcolatori abbiamo a disposizione varie scelte. In particolare abbiamo:

- cavi in materiale conduttore (p. es. il *rame*).
- cavi in fibra ottica.
- onde elettromagnetiche (*wireless*).

Le prestazioni di questi mezzi di trasmissione dati sono misurate in base a due principali parametri quantitativi di misura:
- la distanza tra i dispositivi (da metri a migliaia di Km).
- la velocità di trasmissione in bit/sec, *bps*, che può è espressa di norma in Kbps, Mbps, Gbps, Tbps (10^{12} bps).

I principali sistemi di trasmissione dati hanno diverse caratteristiche sulla base di questi due parametri.

Ad esempio possiamo distinguere in base ad essi i vari collegamenti wireless. Abbiamo le *onde radio* (la cui velocità si misura in GHz) ed è tale de essere diffusa ovunque nell'ambiente e da non richiedere contatto "a vista" col trasmettitore. Inoltre abbiamo le microonde (3-300 GHz), che richiedono direzionalità ma coprono maggiori distanze (anche da satellite). Abbiamo quindi gli infrarossi (300 GHz-430 THz), che richiedono un collegamento a vista e per questo sono poco usati, e il *laser* (430-750 THz), che richiedono un collegamento a vista e sono sensibili a interferenze di natura ambientale e atmosferiche (p. es. a nebbia).

Per collegare in modo wireless i computer ci si serve di tre principali sistemi: il Wi-Fi (che ha attualmente una velocità di 2.4 GHz nell'Eurozona), che permette di collegare sia PC sia periferiche, si basa sullo standard IEEE 802.11, si estende per circa 10-20 metri in ambiente chiuso, e 100m all'aperto; il WiMAX (che ha attualmente una velocità tra 2 e 66 GHz), copre sino a 50 Km e viene usato anche per fornire la rete in zone lontane dai centri urbani; il bluetooth (2.4 GHz) che copre sino a 10 m. e consuma poche risorse.

Dal punto di vista logico, il collegamento di elaboratori in rete avviene mediante lo scambio di messaggi in formato di **pacchetti** (i quali contengono sequenze di byte in genere di uguale lunghezza). I messaggi, che includono alcuni byte di controllo all'inizio e alla fine del pacchetto, racchiudono l'informazione da trasmettere.

3. Tipi di rete

Esistono diversi tipologie di reti, classificabili in base alla loro struttura. Le più note sono quelle lineari (bus), ad anello (ring), a stella (star), connessa (mesh), in linea (line), a stella (star) etc. (vd. Fig. 37)

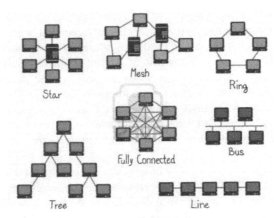

Fig. 37. Tipi di reti

Le reti di grandi dimensioni sono tuttavia molto complesse e ramificate e per sostenere e rendere efficienti le proprie architetture si basano su dorsali e reti locali. Le dorsali (*backbone*) sono reti ad alta velocità (molti Gbps) che collegano pochi nodi strategici su grandi distanze (centinaia di Km). Le reti locali (come le WAN o le LAN) presentano molti collegamenti, a velocità più basse (di norma Mbps) e coprono distanze inferiori ai 50 Km.

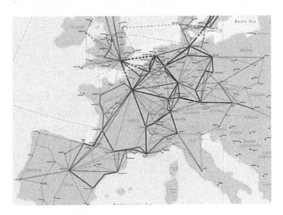

Fig. 38. Dorsali di Internet in Europa

La rete più nota, e diffusa e grande al mondo oggi è senza ombra di dubbio Internet, nata negli anni '70 da **ARPANET**, una rete nazionale statunitense dedicata alla ricerca che constava al tempo di una dozzina di nodi (ARPA è l'acronimo di Advanced Research Projects Agency).

Negli anni '80 ARPANET si divise in **MILNET** (applicazioni militari) e **CSNET** (ricerche civili in ambito informatico). La seconda collegò tutte le facoltà universitarie statunitense. Per far ciò è ovviamente stato necessario far sì che i computer collegati tra loro fossero in grado di comunicare mediante protocolli (protocollo di rete o di comunicazione), ossia insieme di regole e linguaggi convenzionali che definissero le interazioni tra i computer.

4. Protocolli di comunicazione

I protocolli definiscono formato e ordine dei messaggi spediti e ricevuti tra entità della rete, e le azioni da compiere in seguito alla ricezione e/o trasmissione dei messaggi o di altri eventi.

I protocolli sono organizzati mediante un sistema definito "a livelli" o "a strati", ossia nel quale ciascun livello prevede l'utilizzo di un protocollo diverso. In particolare l'organizzazione a strati è tale che un livello possa utilizzare i servizi offerti dal livello inferiore, e offrirne di nuovi al livello superiore al fine di eseguire compiti come il controllo dell'errore, il controllo del flusso, la frammentazione e il riassemblaggio, multiplexing.

Esistono due principali modelli di protocollo a strati per le reti attuali: il modello OSI e il TCP/IP.

Il Modello OSI (Open System Interconnection) definisce 7 livelli, dei quali i primi tre gestiscono la sottorete di comunicazione e i quattro livelli superiori gestiscono l'elaborazione:

Fig. 39. Modello OSI

- Livello 1, o *Fisico*, che gestisce la trasmissione di bit attraverso un mezzo di trasmissione.

- Livello 2, o *Data Link*, che fa apparire ai livelli superiori il mezzo di trasmissione come esente da errori di trasmissione.
- Livello 3, o *Rete*, che gestisce il funzionamento della sottorete di comunicazione (linee e router); in particolare gestisce la ricerca di un percorso nella sottorete.
- Livello 4, o *Trasferimento*, che controlla che i dati inviati arrivino a destinazione come se attraversassero una linea diretta tra le due stazioni, senza errori.
- Livello 5, o *Sessione*, che aggiunge servizi avanzati al trasporto di dati; in realtà non viene molto utilizzato
- Livello 6, o *Presentazione*, che gestisce la sintassi e la semantica delle informazioni trasmesse, diversamente dagli altri livelli che gestiscono solo una sequenza di bit.
- Livello 7, o *Applicazione*, che contiene diversi protocolli per offrire servizi all'utente.

Il Modello TCP/IP è quello oggi più diffuso e si basa su una architettura a tre strati:
- *Rete*, che fornisce un servizio privo di connessione e affidabile: le informazioni vengono spezzate in pacchetti (secondo il protocollo IP) che possono raggiungere la destinazione in modo indipendente, anche in ordine diverso da quello di invio.
- *Trasporto*, che fornisce due sevizi, uno che orienta la connessione (protocollo TCP) e uno privo di connessione (protocollo UDP), tra i quali è compito dell'applicazione scegliere quale utilizzare.
- *Applicazione*, che contiene tutti i protocolli ad alto livello. In questo modo il TCP/IP può utilizzare un qualsiasi protocollo sottostante per trasportare pacchetti IP lungo il mezzo di trasmissione.

Affinché i protocolli funzioni è necessario che i pc collegati siano identificabili in modo univoco. E' proprio per risolvere questo problema che sono stati sviluppati gli indirizzi IP.

5. Gli indirizzi IP

Un indirizzo IP è una numero che identifica univocamente un computer (host) in una rete. L'indirizzo IP pubblico è analogo al numero di telefono. Nessuno ha lo stesso numero di telefono di un altro, in quanto col numero l'identificazione del telefono è univoca. L'indirizzo IP identifica un computer su Internet in modo univoco. In una rete locale (Intranet) ha di norma gli indirizzi IP sono privati e i suoi computer possono essere visti da Internet con un indirizzo IP pubblico, o essere visibili con un indirizzo IP unico per tutta la Intranet.

E' rappresentato da una stringa composta da 32 bit divisa in 4 sequenze da 8 bit ciascuno. Per esempio la stringa in sistema binario:

11000000 . 10101000 . 00000001 . 00101101

corrisponde nel sistema decimale all'indirizzo IP 192 . 168 . 1 . 45.

Al fine di facilitare la ricerca e la memorizzazione dei vari indirizzi IP si è ricorso al cosiddetto URL (Universal Resource Locator), che è un nome simbolico per identificare gli indirizzi Internet a scopo mnemonico. E' infatti è più facile ricordare **uniroma1.it** che **192.168.0.1**.

Un URL è composto da più parti separate da un punto, dove la parte più a destra (*dominio di primo livello*) identifica la nazione (.it, .de, .uk,...) o la tipologia (.com = commerciale, .edu = istruzione, ecc.). Più a sinistra il *dominio di secondo livello* indica la società o l'ente che ha registrato il dominio del computer (es. uniroma1, google, etc.). Le eventuali parti ancora più a sinistra denotano il computer. Infine a sinistra dell'URL ci può essere il nome del servizio, p. es. www. (Web), ftp. (trasferimento file), mail. , ecc.

Gli indirizzi IP e i domini di livello sono gestiti dall'ICANN (Internet Corporation for Assigned Names and Numbers), che è un organismo internazionale.

6. I dispositivi di rete

Il corretto funzionamento di una rete richiede che certi dispositive elettronici siano installati e settati. I principali dispositivi sono:

- **Modem** (MOdulatore-DEModulatore), che serve a collegare un computer a una rete esterna, tipicamente telefonica; ha quindi almeno due porte e se la rete è digitale, il nome più appropriato è Terminal Adapter

- **Hub** (ossia concentratore o ripetitore), che possiede più porte, e ripete su tutte le altre porte i dati in entrata da una porta qualsiasi e serve per estendere una rete locale, ossia fornire più punti di accesso.

- **Switch** (ossia commutatore), che possiede più porte e serve per instradare i pacchetti ricevuti da una porta verso il destinatario, interpretandone gli indirizzi MAC[3].

- **Bridge** (ossia ponte), che ha più porte e di cui una va verso la rete esterna e le altre verso la rete locale e instrada correttamente i pacchetti verso i nodi interni o verso la rete esterna.

- **Router** (ossia "instradatore"), che è semplicemente un *nodo* della rete e serve per instradare i pacchetti IP ricevuti verso la propria rete LAN, oppure verso il router successivo (*next hop*), in modo da "avvicinarsi" al nodo destinatario e può essere sia digitale, ossia un servizio software su un computer, o oggetto fisico, ossia un apparato dedicato.

- **Firewall** (ossia muro tagliafuoco), che isola due reti, analizzando e filtrando i pacchetti per aumentare la sicurezza della rete protetta da esso e può essere sia un servizio di un router, o un apparato dedicato.

Mediante questi dispositivi fisici è possibile usare la rete e le sue applicazioni, fornite con sempre maggior velocità e qualità. Le principali applicazione delle reti informatiche sono la poste elettronica e il WEB.

7. La posta elettronica

La posta elettronica, o email, è un servizio Internet che consente ad ogni utente abilitato di inviare e ricevere dei messaggi utilizzando un dispositivo elettronico (computer, tel, cellulare, etc.) connesso alla rete attraverso un account personale di posta registrato presso un fornitore (provider) del servizio (p. es. google). È una delle principali applicazioni Internet e risale al 1971 (anno in cui quando Ray Tomlinson installò su ARPANET un sistema in grado di scambiare messaggi fra le varie università). E' una versione digitale del servizio di posta cartacea, con il vantaggio che il tempo con cui il messaggio arriva dal mittente al destinatario è normalmente di pochi secondi/minuti

Essa si basa su tre componenti (o applicazioni):

1) MTA (Mail Transfer Agent): server per inviare posta in uscita

2) MDA (Mail Delivery Agent): server per ricevere posta

3) MUA (Mail User Agent): client usato dall'utente (p. es. Thunderbird, Outlook, Eudora, che riceve le mail e le gestisce **localmente**). Il client può anche risiedere su un server Web remoto (p. es. gmail.com) e in tal caso per accedere alla posta si può utilizzare un browser Web e le mail restano sul server del *provider*

---

[3] Un indirizzo MAC (Media Access Control) è un codice di 48 bit assegnato in modo univoco a ogni scheda di rete.

Per consegnare correttamente un messaggio di posta elettronica, sono necessari alcuni protocolli, nella fattispecie SMTP e POP e IMAC. Il protocollo **SMTP** gestisce l'invio delle email: il messaggio è creato dal MUA e inviato al MTA del mittente. Quindi dal MTA è poi inviato al MDA del destinatario mediante su TCP/IP. Il **POP** e l'**IMAP** gestiscono i compiti di elencare, prelevare e cancellare le mail da parte del MUA, chiedendole al proprio MDA.

Una email ha una struttura precisa. In particolare l'indirizzo è formato dal nome utente (p. es. emiliano) dal nome del dominio (p. es. uniroma1.it), separati dal simbolo '@' (che si legge 'at'). Quindi l'indirizzo in questo caso sarà emiliano@uniroma1.it. Il messaggio da una *busta*, ossia le informazioni di trasmissione e consegna (tipicamente informazioni SMTP), e il vero e proprio *contenuto* del messaggio, ossia le informazioni da consegnare al destinatario, che comprendono l'*intestazione*, ovvero l'email ricevente, c.c., oggetto, data, quindi il *corpo del messaggio* in formato ASCII o HTML, e poi gli eventuali *allegati* (opzionali).

8. *Il World Wide Web*

Il Web (World Wide Web) è un servizio di Internet che permette di navigare e usufruire di contenuti e dati multimediali (testi, video, immagini, musica e link, ossia collegamenti, ad altri contenuti). A tal fine, utilizza gli URL, che facilitano come abbiamo visto la navigazione. La ascesa e diffusione del Web hanno radicalmente cambiato il mondo in ogni suo aspetto.

I dati e i contenuti del Web, chiamati pagine Web, sono scambiati tramite il protocollo HTTP (Hyper Text Transfer Protocol). Le pagine Web sono degli *ipertesti* (ossia contenitori di testi, immagini, video, musica e *link* all'URL di altre pagine) e sono scritti nel linguaggio HTML (Hyper Text Markup Language). Por poter accedere e usufruire di tali contenuti bisogna utilizzare un software noto come *Web browser* (p. es., Firefox, Chrome, etc.). Le pagine sono fornite da *Web server*, situati su nodi di Internet e raggiunti tramite l'URL.

La pagina che compare per prima quando si visita un URL, ossia un sto web, è detta *Home Page*: infatti vi è associato un file HTML di default (che spesso è nominato *index.html*) che è mostrato arrivando all'URL. Dalla home page, tramite i link, si naviga in altre pagine, o anche su altri server o site web. Con l'evoluzione dei linguaggi e del Web le pagine HTML possono ormai contenere anche programmi in linguaggio più avanzati, come JavaScript, che sono eseguiti dal browser per migliorare l'interazione (p. es. mediante animazioni).

9. *Motori di ricerca*

Il Web contiene ormai un numero crescente di pagine e siti, dell'ordine dei centinaia di milioni di siti, e decine di miliardi di pagine Web. Rintracciare contenuti e informazioni in un oceano di questi dimensione può risultare impresa impossibile. Per questo motivo, al fine di agevolare la ricerca delle informazioni desiderate, sono stati ideati i cosiddetti *motori di ricerca*. Un motore di ricerca è un servizio, cui si accede da un sito, che analizza sistematicamente il Web, seguendo tutti i link tramite applicazioni note come *Web crawler*, o *spider*, e costruisce e mantiene aggiornato un indice per parole chiave presenti nelle pagine, in modo tale da rendere le pagine più significative rispetto a ricerche su delle parole chiave.

I principali motori di ricerca sono Google (indirizza 10 miliardi di pagine), Bing della Microsoft, Yahoo, Ask.

Le società che gestiscono motori di ricerca si avvalgono di sistemi di migliaia di server che analizzano il Web e rispondono alle richieste in tempo reale. Per poter esistere sul mercato queste società si finanziano con i *risultati sponsorizzati*, link associati alle parole chiave e messi in evidenza a pagamento dai proprietari dei siti relativi.

Per compiere una ricerca di informazioni mediante un motore di ricerca, p. es. Google, è opportuno usare nel campo di ricerca che compare sulla home page del motore, due o più parole chiave di ricerca, per affinare la ricerca sin dall'inizio, p. es. *John von Neumann* (non solo **Neumann**).

E' opportuno ricordare che i motori non sono case-sensitive, ossia distinguono tra maiuscole e minuscole. Una volta effettuate la ricerca i motori informano anche sul numero di risultati (ossia pagine trovate contenenti le parole chiave richieste).

Si può anche ricercare una frase esatta: basta inserirla tra doppie virgolette: p. es. ***"logica della scoperta"***.

E' possibile anche escludere una parola dalla ricerca, anteponendole un "-" (meno). P. es. ***"logica della scoperta"** –popper*, se sono interessato alla "logica della scoperta scientifica" ma non a ciò che ha detto Popper in merito. Quindi è possibile effettuare una prima ricerca e poi escludere via via termini con questa tecnica, eliminando i risultati non voluti. I motori di ricerca si possono rivelare utili per effettuare anche ricerche bibliografiche,

10. Grid e Cloud computing

Internet e le reti informatiche hanno rivoluzionato anche la nozione di computazione e gestione dei dati, grazie alla possibilità che essa offrono di condividere un numero crescente di computer e risorse. Due esempi paradigmatici sono il cosiddetto Grid e il cloud computing.

Il Grid si basa sulla semplice constatazione che sono connessi in rete moltissimi PC contemporaneamente e che la potenza di calcolo effettivamente usata è una piccola percentuale di quella disponibile su ogni PC. Parte di questa potenza di calcolo può esser usata per svolgere piccoli compiti di un programma in rete. Il Grid è pertanto un sistema che usa la potenza di calcolo disponibile dei PC in rete per effettuare calcoli paralleli. A tal fine è necessario avere uno *schedulatore* di risorse, al fine di coordinare tutta la Grid. Pertanto la Grid ha un controllo distribuito, e può essere anche vista come un unico supercomputer virtuale. Il progetto più famoso di grid è SETI@Home, che distribuisce nella rete i dati dei segali radio intercettati nell'universo da grandi radar sulla terra e li fa processare dai PC in rete alla ricerca di sequenze in grado di rivelare messaggio provenienti da entità aliene (vd. Film Contact).

Il Cloud computing è un termine che designa quelle tecnologie che consentono di memorizzare, archiviare o elaborare dati grazie all'utilizzo di risorse hardware/software distribuite in rete. Possiamo distinguere il cloud computing in tre classi principali:

- **PaaS** (Platform as a Service), ossia l'utilizzo di una *piattaforma* software in remoto, p. es. per sviluppare software
- **IaaS** (Infrastructure as a Service), ossia l'utilizzo di risorse hardware e software in remoto.
- **SaaS** (Software as a Service), ossia l'utilizo di programmi in remoto su Web. P. es. Google Docs.

L'uso di questa risorse è on demand (*a domanda):* quando serve più potenza di calcolo, si usano (e si pagano) più risorse (*pay-per-use*).
Il Cloud computing è un piattaforma che fornisce risorse (hardware e software) tramite la rete: la rete che fornisce le risorse si chiama appunto "Cloud" (Nuvola).

Uno dei principali vantaggi del Grdi e Cloud sono che producono una virtualizzazione di tutta una serie di operazioni, ossia la creazione e uso di qualcosa di non reale, ma che appare come reale. Ovviamente tale virtualizzazione presenta vantaggi e svantaggi. Nella prima classe possiamo annoverare il fatto che il Cloud computing consente forniture rapide, accresce la percentuale di utilizzo delle risorse, aumenta l'efficienza di gestione, riduce i costi di manutenzione, permette di localizzarsi in aree con minori costi immobiliari ed energetici, fornisce garanzie di continuità del servizio, minori costi complessivi (Total Cost of Ownership), separa il codice applicativo dalle risorse fisiche, si possono espandere le risorse usate a piacere. Nella seconda classe possiamo annoverare il fatto che possono emergere problemi di disponibilità completa e continua, di protezione dei dati, o problemi legali e politici legati alla memorizzazione dei dati e a transazioni multinazionali.

11. Il peer-to-peer (P2P)

Una menzione particolare nell'esame dei servizi e delle architetture di rete va riservata alla cosiddetta architettura **peer to peer** (da pari a pari), che contrariamente ad un'architettura di rete di tipo client/server, non presenta nessun server dedicato e dunque nessuna forma di centralizzazione della rete. Ovvero ogni computer in una rete P2P è sia in parte server sia in parte client. Questo significa che ognuno dei computer di rete è libero di condividere le sue risorse. Un computer collegato ad una stampante potrà quindi eventualmente condividerla affinché tutti gli altri computer possano accedervi attraverso la rete. In altre parole il peer to peer offre la condivisione di risorse e di servizi tra computer posti allo stesso livello (vd. Fig. 40). Queste risorse e questi servizi comprendono scambio di informazioni, cicli di computazione, spazio su disco per i file. Una rete P2P sfrutta dunque la potenza di calcolo dei client connessi ad essa.

Ovviamente il concetto di P2P non una novità teorica e anzi si può affermare che fino agli anni '80 del novecento le architetture di rete erano tali da potersi definire come peer to peer. Poiché Per condividere file e altre risorse, invece di passare attraverso un server centralizzato, ciascun computer (nodo) è responsabile del passaggio dei dati agli altri elaboratori.

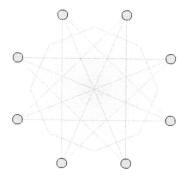

Fig. 40. Struttura di una rete P2P

Attraverso un client scaricato gli utenti si connettono alla rete. Dopo la connessione, viene stabilita la comunicazione tra i nodi mediante lo scambio di messaggi, che hanno lo scopo di segnalare la propria presenza sulla rete, chiedere risorse da utilizzare, servire la richiesta di una o più risorse, trasferire le risorse.

I vantaggi di un'architettura P2P sono il costo ridotto (generalmente esse sono il software, i cavi e la manutenzione) e la semplicità. Gli svantaggi sono il fatto che le reti peer to peer sono adatte per applicazioni che non necessitano di una grande sicurezza (ossia è sconsigliata come rete professionale che gestisce dati sensibili), la difficoltà di amministrarla, la scarsa sicurezza (nessun nodo della rete è affidabile).

12. Terminali mobili e Tablet PC

Terminiamo questa nostra breve rassegna del mondo della rete osservando come l'utilizzo dei contenuti della rete su dispositivi mobili è esploso con l'introduzione dell'iPhone nel 2007, che ha rivoluzionato l'uso del cellulare (smartphone), facendone uno dei dispositivi più usati per navigare in rete e usare la posta elettronica. Basti pensare che le vendite degli smartphone (inclusi i Tablet) nel settembre 2011 hanno per la prima volta superato quelle dei PC. Anche il mercato dei Tablet PC, altri dispositivi di natura mobile, è esploso grazie soprattutto all'avvento dell'iPad.

Tablet e smartphone sono orami dei veri e propri calcolatori, con sistemi operativi propri, con capacità di calcolo elevate e ambienti ricci di applicazioni (la apps) che si possono scaricare (sia gratis sia a pagamento) dagli *App Store*.

6
La sicurezza informatica

1. Definizione

Le diffusione e trasmissione di un quantità sempre maggiore di informazioni ed a velocità sempre più sostenute, resa possibile dall'informatica, ha posto il problema della protezione e sicurezza di questa informazione. Da questa esigenza è nata e si è sviluppata le disciplina e industria nota come sicurezza informatica.

La sicurezza informatica si occupa dell'utilizzo sicuro dei calcolatori e delle reti, aspetto che è diventato sempre più importante con la diffusione dell'informatica. In particolare, la sicurezza che si cerca di ottenere è quella della protezione dalle intrusioni nel proprio computer, l'accesso a dati riservati, la perdita di dati, la distruzione di servizi, i furti di identità. La sicurezza informatica è dunque volta a gestire la sempre più complessa relazione tra utenti (ossia persone opportunamente identificate) e certe risorse a cui essi sono abilitati ad accedere (ossia hardware, software, reti, dati).

La sicurezza informatica, per essere tale, deve garantire e preservare certe caratteristiche delle risorse a cui gli utenti attingono. Tale caratteristiche sono:

- **Disponibilità**, ossia il fatto che agli utenti potere essere sempre possibile reperibili e accessibili alle risorse.
- **Riservatezza**, ossia il fatto che le varie risorse devono essere accessibili solo agli utenti dotati di autorizzazione (impedendo dunque accessi impropri).
- **Integrità**, ossia il fatto che i dati e i programmi devono essere identici agli originali, e modificabili solo da utenti autorizzati; inoltre i dati e i programmi devono godere di una protezione da perdite causate da guasti o imprevisti.

2. Le minacce informatiche

Lo studio della sicurezza informatica ha indentificato alcuni concetti e situazioni chiave per la elaborazione di strategie volte a implementare la protezione necessaria. Innanzitutto si definisce *rischio* una situazione in cui un ente risulta esposto a potenziali danni, diretti o indiretti, alle proprie risorse (es.: accesso non autorizzato al proprio conto corrente bancario, cancellazione o alterazione di informazioni importanti).

Si definisce invece *minaccia* un agente esterno, di solito un essere umano, chi mette a repentaglio certe risorse: (es. una spia che cerca di accedere a dati strategici).

Si definisce *vulnerabilità* una carenza di protezione di un sistema, tra cui i più comuni sono errori nelle applicazioni software o errori di installazione della rete

L'*attacco* è infine il processo che fa sì che la minaccia sfrutti una vulnerabilità del sistema per trasformare un rischio in un danno reale.

E' possibile distinguere diverse tipologie di attacchi informatici in grado di mettere a repentaglio la sicurezza informatica di date risorse, che si suole raggruppare nelle seguenti classi:

- *malware*, ossia programmi inseriti in via fraudolenta sui computer, per causare danni. Nel caso meno grave essi consumano risorse (hard disk, memoria, CPU, banda di rete) in modo abusivo e nascosto, rallentando il normale funzionamento del computer.
- *Social engineering*, che sono attacchi informatici effettuati direttamente sulle persone al fine di ottenere dati informatici.
- *Phishing*, che sono forme di truffa online perpetrate al fine di ottenere dati sensibili.
- *attacchi sulla rete*, volti a disabilitare servizi o catturare informazioni.

Analizzerò ora con maggior dettaglio queste classi.

2.1. I Malware

E' possibile distinguere i malware in quattro sottoclassi:
- virus
- worm
- trojan (cavalli di troia)
- adware e spyware

I *virus* sono parti di codice (programmi) che si diffondono sul computer copiandosi o all'interno di altri programmi o sul settore di "boot" del dell'hard disk e godono di precise caratteristiche. Infatti vengono eseguiti ogni qual volta che il file infetto viene aperto e, una volta eseguiti, sono progettati per individuare sul computer altri programmi da infettare, e si diffondono nello stesso su questi, anche se possono eseguire altre operazioni in grado di recare ulteriori e peggiori danni. La loro diffusione da un computer all'altro avviene mediante lo spostamento di file infetti ad opera degli utenti ignari o ingenui. Inoltre sono tali da poter colpire, cioè infettare, anche i file del sistema operativo. Nelle versioni più evolute possono impiegare tecniche di natura occultatrici (*stealth*) o di mutazione al fine di evitare di essere individuati.

I *worm* sono programmi che si replicano sfruttando principalmente Internet (Web e email). E' un programma completo che si installa nella in un computer ospite e viene eseguito quando il sistema operativo viene avviato. Un worm è spesso dotato di un *payload*, ossia di codice per effettuare azioni specifiche volte a provocare danni o reperire informazioni. Uno degli usi più comuni dei worm è quello di creare nel computer ospite una *backdoor*, ossia un accesso occulto al computer ad altri utenti collegati in rete, o di creare un *zombie o bot*, ossia computer controllati da fuori, che possono essere attivati insieme per eseguire attacchi. Uno dei casi più famosi di worm nella storia dell'informatica è stato conficker, il quale è stato in grado di colpire 15 milioni di PC in 200 paesi nel 2009, sfruttando una falla del sistema operativo di Windows.

I cavalli di Troia (noti in inglese come *trojan horses*) è un programma completo che permette il totale controllo di un computer collegato in rete da parte di un altro computer e viene diffuso principalmente a seguito di attacchi di "social engineering", ossia di email che invitano a eseguire un allegato, giochi scaricabili gratuitamente, falsi antivirus, e così via. Il suo principale fine è quello di ottenere informazioni sensibili come password, dati di accesso a banche e a carte di credito per inviarli a terze parti, effettuare invii di messaggi di email (spam), trasformare il computer infetto in un bot, per attacchi informatici.

Gli *adware e spyware* sfruttano le vulnerabilità dei Web browser o dei sistemi operativi su cui i browser girano e sono programmi che vengono scaricati sul computer accedendo a certi siti Web e, normalmente, non si auto-replicano. Nello specifico gli adware sono software che genera messaggi pubblicitari e non sempre è malevolo, ma può essere anche voluto, nel senso che l'utente lo installa ricevendo messaggi pubblicitari a fronte dell'uso gratuito di una aplicazione o di un servizio Web. Lo spyware è un software che raccoglie informazioni sui siti che l'utente visita per poi inviarla a certi centri di raccolta (tuttavia il programma può anche raccogliere informazioni più sensibili dei semplici siti visitati).

Il *social engineering* è invece l'insieme delle tecniche volte allo studio ed eventuale manipolazione del comportamento di una persona con il fine di conoscere informazioni utili per attaccare il suo computer. Due tecniche tipiche sono il cosiddetto "shoulder surfing", ovvero l'osservazione della digitazione della password da dietro, o mediante l'installazione di telecamere nascoste, oppure l'esame dei cestini della carta straccia, per trovare informazioni.

Il *phishing* è semplicemente l'invio di email contraffatte, contenenti richieste di aiuto o che promettono vincite, per ottenere dati sensibili o anche pagamenti.

L'ultima classe di minacce in esame sono i cosiddetti *attacchi alla rete Internet*, i quali con la esponenziale diffusione di Internet si sono moltiplicati. Essi consistono in attacchi informatici verso specifici siti, o verso la rete stessa, per carpire informazioni o infliggere danni di vario tipo. Gli attacchi si dividono in due sottoclassi: i passivi, con i quali si catturano si carpiscono info che viaggiano in rete, e quelli attivi. Questi ultimi sono quelli più diffusi e pericolosi, Tra gli attacchi alla rete è importante menzionare i Denial of Service (DoS), lo sniffing, lo spoofing, man in the middle, hijacking.

Il *DoS* è un attacco volto a rendere indisponibile un servizio offerto sul Web. Normalmente, si tratta di oscurare un sito Web o una porzione della rete Internet. Per raggiungere tale fine si fa convergere su un sever una enorme quantità di false richiesti (ossia di pacchetti IP), fino a quando il server si sovraccarica e non è pià in grado di evadere tutte ler richieste e si blocca. Per poter compiere un attacco DoS occorrono o moltissimi computer (tipicamente una botnet) oppure pochi computer ma molto potenti e connessi con larga banda.

Lo *sniffing* denota la lettura passiva dei pacchetti che transitano in una rete al fine di raccogliere informazioni. Può essere anche legittimo, ma per lo più è volto a intercettare password e altre informazioni sensibili.

Lo *spoofing* consiste nella falsificazione della propria identità informatica (spoof). Ad esempio si falsifica l'indirizzo IP del mittente per fare in modo che questi finga di essere un altro sistema.

Il *man in the middle* è invece una sorta di spoofing doppio: l'attaccante si mette in mezzo alla comunicazione tra due computer, in modo che questi non si accorgano dell'intrusione. Si possono così leggere e modificare i dati scambiati.

L'*hijacking* è la tecnica mediante cui si prende il controllo non autorizzato di un canale di comunicazione. Per esempio il malware, trasmesso tramite un virus, cambia la pagina iniziale di un browser.

3. Difesa: antivirus e crittografia

Al fine di far fronte alle minace che possono essere portate alle risorse degli utenti sono state elaborate varie tecniche di protezione. La più note sono gli antivirus e la cifratura dei dati.

Gli antivirus sono quei programmi che difendono i computer dai vari malware. Per far ciò, essi effettuano continuamente l'analisi della memoria (per individuare processi virali o sospetti), del settore di boot, dei dischi, delle e-mail ricevute e sono ormai diventati necessari per i sistemi operativi più diffusi, che spesso, come nel caso di Windows di Microsoft, sono anche quello più vulnerabili. I programmi antivirus si aggiornano periodicamente dal proprio sito per proteggere il computer anche da malware ideati dopo l'acquisto del programma stesso.

La crittografia è un insieme di tecniche volte a cifrare, ossia a nascondere, di dati in modo da poterli trasmettere senza che chi li intercetta sia in grado di poterli leggere. Il termine deriva dalle parole greche kryptós (nascosto) e graphía (scrittura) e di fatto serve a fornire uno strumento per la *riservatezza* dei dati.

Sistemi crittografici sono stai ideati e usati fin dall'antichità. Il primissimo esempio di crittografia antica risale ai tempi degli spartani (IX Secolo a.C.), usavano un bastone cilindrico su cui si avvolgeva a elica un pezzo di cuoio sul quale si scriveva verticalmente il testo segreto. E' noto come la scitala lacedemonica. Una scritto il messaggio e tolto il cuoio dal bastone il testo risultava trasposto e incomprensibile. L'unico modo per leggere il messaggio, decodificarlo, era quello di riavvolgerlo in un bastone di diametro uguale al primo. Dunque la **chiave**, ossia il parametro che permette di mascherare il testo applicando il sistema di cifratura, era il bastone.

Un'altra tecnica è il celebre cifrario di Cesare, cosiddetto perché fu impiegato da Giulio Cesare in persona. E' un cifrario cosiddetto a sostituzione monoalfabetica, che consiste semplicemente nella sostituzione di ogni lettera del testo con la lettera che si trova un certo numero k prestabilito di posizioni dopo nell'alfabeto. Giulio Cesare utilizzava per esempio k=3.

Un altro esempio famoso è il disco cifrante di L.B. Alberti, che introdusse tale sistema nella sua opera *De Componendis Cifris*, del 1466, che è considerato il primo trattato di crittografia della storia. Esso era composto da due dischi concentrici rotanti, con il disco interno ha l'alfabeto scritto in modo casuale.

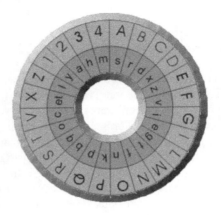

Fig. 41. Il disco cifrante di Alberti

Ovviamente la riservatezza e sicurezza dei dati crittografati dipende robustezza del sistema di codifica, o meglio, nel caso dell'informatica, dagli algoritmi crittografici impiegati. La qualità di tali algoritmi dipende essenzialmente da due aspetti, la teoria matematica sottostante e la lunghezza della chiave.

Esistono due modi per decodificare le informazioni cifrate mediante un algoritmo crittografico: l'attacco a forza bruta (*brute force*) o la rottura (to break) del sistema.

L'attacco *brute force* consiste essenzialmente nel provare tutte le possibili combinazioni della chiave. Infatti qualsiasi algoritmo è vulnerabile a questo tipo di attacco (eccezion fatta per il *cifrario di Vernam*, in cui la chiave è lunga quanto il testo da cifrare, e può essere usata sola una volta). Tuttavia se la chiave è sufficientemente lunga, un attacco del genere richiede troppo tempo (infatti la stima standard è che se una chiave ha n bit servono circa 2^{n-1} tentativi per decodificarla). Per questo motivo si ricorre alla seconda modalità, la rottura.

Rompere una codice (*break*) significa decodificarlo in un tempo inferiore rispetto alla forza bruta, ad esempio utilizzando dizionari, parole più comuni, etc.

Un sistema che in passato è stato ritenuto efficace per proteggere i dati era quello di tenere segreti gli algoritmi di cifratura/decifratura. Tuttavia questa strada si e rivelata insostenibile. Un esempio storico è la cifratura del GSM, decodificabile in 2 secondi nel 1999. Al contrario si è dimostrato che gli algoritmi più robusti sono quelli pubblici, che possono essere studiati e analizzati, scoprendone le debolezze in modo da poterli eventualmente migliorare o scartare.

Esistono fondamentalmente due tipi di crittografia: quella simmetrica e quella asimmetrica.

La Crittografia simmetrica si basa su un'unica chiave per codificare e decodificare (o, in alternativa, la chiave per decodificare è facilmente calcolabile a partire dalla chiave per codificare k, come nel cifrario di Cesare). Tale sistema ha il vantaggio di essere molte veloce ed efficiente, ma dall'altra parte richiede che la chiava sia resa nota a parte, in modo sicuro, ed è tanto più sicuro quanto più lunga è la chiave.

In particolare la cifratura simmetrica opera in modo tale che dato un documento[4] da cifrare, t, e data una chiave c:

a) La chiave d deve essere inviata al destinatario secondo una modalità sicura (ossia quanto più possibile non intercettabile).

b) Il mittente impiega un algoritmo a, che usa c, per codificare t producendo il documento cifrato e.

c) Il documento t può transitare su un canale anche non protetto, perché non è decodificabile senza c (che è stata inviata a parte in modo segreto);

d) Il destinatario decifra e usando l'algoritmo a, che rigenera il documento originale che può ora essere visionato.

La crittografia asimmetrica si basa su un altro approccio volto a fornire sicurezza ad un documento dato, che viene normalmente esemplificato mediante una analogia postale. Tale approccio non richiede lo scambio da alcuna chiave. Supponiamo che Alice voglia spedire a Bob un documento in modo sicuro, ossia che non possa essere visionato. I due possono farlo nel modo seguente. Alice manda a Bob una scatola chiusa con un suo lucchetto, e trattiene con sé la chiave del lucchetto. Bob aggiunge un proprio lucchetto e rispedisce la scatola ad Alice, tenendo la sua chiave. Alice rimuove il proprio lucchetto e rispedisce la scatola a Bob, che ora può aprirlo con la sua chiave: il contenuto della scatola è stato inviato in maniera sicura senza scambio di chiavi. Certo sono aumentati i passaggi (gli invii della scatola), ma questo ha prodotto un buon livello di sicurezza. E' comunque possibile ovviare alla moltiplicazione dei passaggi con uno metodo ancora più

4

Per documento si intende sia un vero documento testuale, o qualunque *file*, ovvero una sequenza di bit.

semplice: Bob spedisce ad Alice il suo lucchetto aperto (per il quale dunque non serve un canale sicuro) e quindi Alice lo usa per chiudere la scatola contenente il messaggio segreto e la spedisce a Bob, che la può aprire con la sua chiave.

Le principali caratteristiche della cifratura asimmetrica sono dunque il fatto che le chiavi di codifica e di decodifica sono diverse, e quindi la il possesso di quella di codifica non permette di decodificare il documento. Pertanto la chiave di codifica può essere resa *pubblica* dal ricevente. Tale sistema è tanto più sicuro quanto più lunghe sono le chiavi, e soprattutto ha un costo computazionale molto maggiore della crittografia simmetrica.

3.1 La firma digitale

Uno strumento volto a fornire un tipo di sicurezza informatica, nel senso di attestare l'identità del firmatario di un documento, è la firma digitale. Mediante questo dispositivo è possibile garantire l'autenticità del proprietario della firma, a cui è assegnata una coppia di chiavi che solo lui può avere (e conoscere). La firma digitale attesta l'integrità del documento originale, sul quale viene generata un'*impronta digitale,* detta *hash, h,* che viene crittografata con la chiave segreta *c.* Dunque una qualsiasi modifica del documento produrrebbe un'impronta diversa da *h,* rivelandone la non autenticità.

Bisogna tuttavia osservare che per la firma digitale vale il principio di non ripudio: il firmatario non può ripudiare la firma, in quanto solo la sua chiave *c* può aver generato la codifica corretta dell'impronta *h.*

Il rilascio della firma digitale è affidata a specifiche autorità o enti (come InfoCamere, Unione Notai, Poste Italiane, etc.) che archiviano i codici e garantiscono sulla validità e avviene solo dopo il riconoscimento fisico certo dell'utente. Per poter effettuare la firma digitale su documenti informatici è necessaria una "smart card" o una chiave USB univocamente associate all'utente (e il software per la firma).

La firma digitale dunque sostituisce la firma autografa. Questo non significa necessariamente che il livello di sicurezza è aumentato, in quanto la due modalità sono distinte e presentano diverse caratteristiche. La firma autografa viene create manualmente, la sua apposizione modifica il documento (nel senso che ne è parte integrante), può essere verificata mediante il confronto con una firma autentica (dunque anche se è facilmente falsificabile, è altrettanto facile riconoscere un falso), per poter non essere ripudiata deve essere autenticata da un notaio, ha un validità illimitata nel tempo e non è possibile (almeno allo stato attuale delle nostre conoscenze) automatizzare il processo di generazione.

Dall'altra parte, la firma digitale viene creata mediante un algoritmo e viene apposta come allegato sul documento. Inoltre può essere verificata mediante un algoritmo e solo se viene scoperta la chiave privata può essere falsificata. In tal caso, tuttavia, il falso non è riconoscibile e per poterla ripudiare occorre sporgere querela per falso contro il reale firmatario (e portare delle prove). Infine la sua durata è limitata ed è ovviamente possibile automatizzare i processi che la generano.

3.2 vulnerabilità delle password

Il fattore cruciale nella sicurezza informatica è la password con la quale si criptano i dati e i documenti. Se la password non è sicura, ossia può essere intercettata e conosciuta da terze persone, tutti i dati sono a rischio. In particolare le password possono essere intercettate o quando sono trasmesse sulla rete o se scritte su carta.

Esistono essenzialmente due modi per tentare di forzare dati protetti da una chiave o password (il cosiddetto *password guessing*):

(1) Forza bruta (*brute force*), mediante il quale si cerca di individuare la password provando tutte le possibili combinazioni di caratteri alfanumerici.

(2) Basato su dizionari, con il quale si cerca di individuare la password cercando le parole più probabili (dizionario), ad esempio mediante una lista delle 1000 password più usate, nelle varie lingue (italiano, inglese, francese, etc.).

A tal fine è dunque avere sempre password cosiddette 'robuste', ossia capaci di resister il più a lungo possibile a questi attacchi o forzature. A tal fine è bene sapere, e ricordare, che la robustezza di una password innanzitutto dipende dalla sua lunghezza (il cosiddetto *keyspace*) e in particolare è robusta se il tempo necessario per indovinarla è maggiore della durata della password. **Normalmente una buona password deve avere almeno 15-20 caratteri.** Inoltre la robustezza di un password diminuisce con il passare del tempo, poiché la potenza di calcolo dei computer aumenta costantemente, e dunque si riduce il tempo necessario per avere successo nel *password guessing*. Inoltre aumenta la probabilità che qualcuno la riesca a intercettare e conoscere. Per contrastare questo pericolo sono stati messi a punto vari dispositivi, tra i quali il più noto è il "One-time password", ossia una password che viene generata ogni pochi minuti da un apposito dispositivo (diffuso per le operazioni bancarie e con carta di credito).